SYLVIE ASSELIN

Une dimension à découvrir, l'au-delà

LE POTENTIEL IMMENSE DE L'ÂME

2e édition

LES ÉDITIONS
Quebecor
Une compagnie de Quebecor Media

Je dédie ce livre à mon conjoint.
Merci pour tout son amour, sans lequel
ce livre n'aurait pu naître.

Catalogage avant publication de Bibliothèque
et Archives nationales du Québec et Bibliothèque
et Archives Canada

Asselin, Sylvie, 1969-

Une dimension à découvrir, l'au-delà

2ᵉ édition

(Collection Spiritualité)

ISBN 978-2-7640-1223-9

1. Écrits spirites. 2. Réalisation de soi – Miscellanées. 3. Âme – Miscellanées. I. Titre. II. Collection : Collection Spiritualité.

BF1302.A86 2011   133.9'3   C2011-941504-6

© 2011, Les Éditions Quebecor pour la présente édition
Une compagnie de Quebecor Media
7, chemin Bates
Montréal (Québec) Canada
H2V 4V7

Dépôt légal : 2011
Bibliothèque et Archives nationales du Québec

Pour en savoir davantage sur nos publications,
visitez notre site : www.quebecoreditions.com

Éditeur : Jacques Simard
Conception de la couverture : Bernard Langlois
Illustration de la couverture : Istockphoto
Infographie : Claude Bergeron

Imprimé au Canada

Gouvernement du Québec – Programme de crédit d'impôt pour l'édition
de livres – Gestion SODEC.

L'Éditeur bénéficie du soutien de la Société de développement des entre-
prises culturelles du Québec pour son programme d'édition.

Nous reconnaissons l'aide financière du gouvernement du Canada par
l'entremise du Fonds du livre du Canada pour nos activités d'édition.

DISTRIBUTEURS
EXCLUSIFS :

• Pour le Canada et les États-Unis :
MESSAGERIES ADP*
2315, rue de la Province
Longueuil, Québec J4G 1G4
Tél. : (450) 640-1237
Télécopieur : (450) 674-6237
* une division du Groupe Sogides inc.,
filiale du Groupe Livre Quebecor Média inc.

• Pour la France et les autres pays :
INTERFORUM editis
Immeuble Paryseine, 3, Allée de la
Seine
94854 Ivry CEDEX
Tél. : 33 (0) 4 49 59 11 56/91
Télécopieur : 33 (0) 1 49 59 11 33

Service commande France
Métropolitaine
Tél. : 33 (0) 2 38 32 71 00
Télécopieur : 33 (0) 2 38 32 71 28
Internet : www.interforum.fr

Service commandes Export –
DOM-TOM
Télécopieur : 33 (0) 2 38 32 78 86
Internet : www.interforum.fr
Courriel : cdes-export@interforum.fr

• Pour la Suisse :
INTERFORUM editis SUISSE
Case postale 69 – CH 1701 Fribourg
– Suisse
Tél. : 41 (0) 26 460 80 60
Télécopieur : 41 (0) 26 460 80 68
Internet : www.interforumsuisse.ch
Courriel : office@interforumsuisse.ch

Distributeur : OLF S.A.
ZI. 3, Corminboeuf
Case postale 1061 – CH 1701 Fribourg
– Suisse

Commandes : Tél. : 41 (0) 26 467 53 33
Télécopieur : 41 (0) 26 467 54 66
Internet : www.olf.ch
Courriel : information@olf.ch

• Pour la Belgique et le Luxembourg :
INTERFORUM BENELUX S.A.
Fond Jean-Pâques, 6
B-1348 Louvain-La-Neuve
Tél. : 00 32 10 42 03 20
Télécopieur : 00 32 10 41 20 24

Remerciements

J'aimerais remercier mes guides pour leur détermination à m'aider à contacter ma lumière divine. Grâce à leurs propos, à leur patience, à leur dévouement, je peux dire : mission accomplie !

Un merci tout spécial à ma grand-mère, à mon parrain et à mon grand-père.

Merci aussi à vous, tous mes clients, amis et membres de ma famille, d'être ce que vous êtes. Par votre beauté, votre simplicité et votre authenticité, vous m'avez inculqué l'humilité nécessaire à tout cheminement spirituel. Un merci très spécial à mes parents. Grâce à eux, j'ai pu vivre l'expérience magnifique que représente l'écriture d'un livre.

Pour ton œil attentif, tes commentaires constructifs et tes propositions plus qu'intéressantes, mes sincères remerciements à toi, Nathalie. Pour la mise en page et la présentation du manuscrit, merci pour ta patience et ta grande disponibilité, Johanne.

Un merci très particulier à Francine, François et Jean-Guy. Grâce à votre généreuse contribution, ce livre a vu le jour plus rapidement, et le tout sous un soleil radieux. Vous m'avez donné la force et le courage de poursuivre.

Cette réalisation n'aurait pas été possible sans l'amour inconditionnel et le soutien de mon conjoint. Merci, Christian, de ta foi en ce projet, de ta présence, de ton accueil et de tes commentaires plus que pertinents.

Enfin, je te remercie, Sylvie, d'avoir eu la force et le courage de mener ce projet à terme. Merci d'avoir passé à travers la peur, le doute, la non-confiance et la crainte du rejet pour être enfin totalement toi, dans toute ta beauté et toute ta simplicité.

Préambule

Depuis ma tendre enfance, j'ai la possibilité d'entrer en contact avec l'autre monde : prédictions s'avérant exactes, perception des ressentis des autres, présences habitant les lieux où je me trouve, coïncidences étonnantes, manifestations physiques… La diversité de ces contacts m'a longtemps fait peur à un point tel que je m'étais volontairement coupée de ce don, à mon grand détriment, puisque j'ai alors souffert de malaises physiques (maux de dos, maux de tête, embonpoint, acné) et psychologiques (manque de confiance en soi, manque d'amour de soi, anxiété, insécurité, épuisement personnel et professionnel).

Par un réflexe de survie, j'ai effectué un retour vers ma vie intérieure. Et ce don s'est alors manifesté avec une telle puissance que j'en ai fait un métier. Être médium demande de servir d'intermédiaire à l'autre monde, qui a tant à offrir. Pour ma part, ce rôle d'intermédiaire s'effectue par l'entremise de l'écriture, de conférences et de rencontres. Des êtres de l'au-delà me demandent de livrer leurs messages de lumière au plus grand nombre de gens possible, de parler d'âme à âme par le biais de chacun des moyens choisis. Pour ce faire, l'ouverture du cœur est essentielle. Malgré la crainte ressentie, la lumière et l'énergie qui en découlent en valent l'investissement. Que le travail de lumière commence à se déployer dans votre vie avec douceur, harmonie et paix!

Introduction

Le 21 janvier 2004

Voici le début d'une aventure. Une aventure dont nous sommes, vous et moi, les acteurs principaux. Vous avec vos pensées et les réflexions que vous ferez tout au long de ce livre, et moi avec mes mots. Puisse ce voyage vous amener gaiement et facilement à bon port. Ne vous gênez surtout pas pour faire des escales entre les chapitres. Un itinéraire de lecture vous est proposé, mais vous pouvez le changer quand bon vous semble. Le voyage en sera d'autant plus agréable !

Chaque ville et chaque port visités procurent leur lot de découvertes et de lâcher-prise. Puisse cette aventure vous être facile à vivre ! C'est mon plus grand souhait et mon plus grand désir. Les enseignements reçus sont présentés sous forme de dialogue. Le texte standard représente les messages reçus des anges de lumière, et le texte en italique représente un questionnement, une demande de précisions ou des réponses à leurs questions.

Ce livre a pris la forme d'un journal de bord présentant les canalisations reçues par sept anges de lumière, de janvier à avril 2004. Il est axé sur le cheminement intérieur nécessaire à la découverte de la spiritualité, et donc, par le fait même, de l'au-delà.

Bonne lecture!

Chapitre 1

La peur, bonne conseillère

Le 27 janvier 2004

Bonjour, chers guides! C'est le premier jour du voyage. Je suis intriguée, fascinée et heureuse de partir à la découverte de soi avec vous.

Bonjour, chère enfant. Nous vous remercions d'être ici avec nous. Nous sommes heureux de partir en voyage avec vous.

La peur est très présente.

C'est tout à fait normal lors d'un départ vers de nouveaux horizons, même si vous le souhaitiez ardemment.

Avez-vous déjà eu une peur bleue? Cette peur qui vous tenaille les tripes, qui joue avec votre estomac et vous donne des frissons?

Que faites-vous pour faire disparaître cette peur?

On essaie de l'oublier, de la chasser de son esprit, de la repousser le plus loin possible.

Mais c'est peine perdue. Elle revient sûrement vous hanter sournoisement au moment où vous vous y attendez le moins. D'un pas assuré, elle reprend sa place d'une manière encore plus imposante que la première fois. Et vous voilà redoublant d'efforts pour l'oublier, la chasser, l'éloigner, mais elle revient sans cesse.

Au secours!

Rassurez-vous. C'est une façon de vivre la peur.

Ouf !

Avez-vous déjà pensé à une autre façon de la vivre ?

Non !

Alors pourquoi n'y arrivez-vous pas ?

Aucune idée.

Pourquoi ne voyez-vous que cette façon d'affronter votre peur ?

(?)

Parce que vous avez appris une seule manière de vivre la peur : l'oublier. Et si elle devenait une amie que vous côtoyez à chaque heure du jour, à chaque minute, à chaque seconde de votre vie, vous parviendriez à l'apprivoiser, à comprendre ses origines, sa raison d'être. Plutôt que de venir vous hanter sournoisement, elle vous accompagnerait et accepterait ce que vous êtes, votre différence. Un jour, vous ne vous souviendriez même plus du moment où vous vous êtes rencontrés, puisque ce ne serait plus important. L'important, ce serait l'amitié qui vous unirait et vous ferait grandir. Quel est le nom de votre meilleure amie ?

La peur de vivre.

La petite pensée vous indiquant toujours de ne pas déranger, de ne pas faire ceci en raison de cela, de ne pas vivre à votre manière en raison du jugement qu'autrui pourrait porter.

Oui, c'est bien elle.

Bref, cette peur vous empêchant d'être vraiment vous-même. Pourtant, elle pourrait vraiment devenir votre amie.

Comment serait-il possible de la considérer comme une amie ?

Tout est dans la manière de la voir. Vous considérez cette peur comme une menace, comme une rivale.

Comme une rivale ?

Oui, comme une rivale, puisque vous en avez tellement peur que vous n'êtes plus vous-même. Vous avez peur d'avoir peur.

On tourne en rond.

Non, pas vraiment. Nous y arrivons. Si vous acceptez cette peur, elle deviendra votre amie plutôt qu'une rivale. Au lieu de la combattre ou de la nier, vous la ferez vôtre tout en lui permettant de vous habiter et non de vous envahir. Une amie ne vient jamais chez vous à n'importe quelle heure. Elle ne met pas votre appartement à l'envers, ne vient pas habiter chez vous sans prévenir. Elle vous accepte et vous respecte. Elle vous appelle avant de passer vous voir. C'est la même chose pour la peur. Si elle devient votre amie, elle vous avertira quand elle voudra venir, elle respectera vos limites et, surtout, n'envahira pas votre univers. Elle partira lorsque le besoin se fera sentir et reviendra uniquement à votre demande, pas avant.

C'est particulier, cette manière de voir la peur... Comment fait-on pour qu'elle devienne notre amie ?

En l'invitant chez vous au moment qui vous convient le mieux. En lui mentionnant que vous acceptez qu'elle vous rende visite à condition qu'elle vous respecte et ne vous oblige à rien.

Bizarre.

Qu'est-ce qui est bizarre, chère enfant?

Cela semble si simple et en même temps compliqué!

Pourquoi serait-ce compliqué?

Il est difficile de croire qu'on peut emmener la peur en soi comme ça, sans rien dire, et que, comme par magie, tout ira pour le mieux.

Vous croyez? N'est-ce pas la peur d'avoir peur qui se manifeste ainsi?

Oui, c'est la crainte de ce qui pourrait arriver, la peur de s'abandonner, de se faire mal.

Nous ne vous demandons pas de vous abandonner, mais bien de rester en contact avec vous-même. Nous allons faire un exercice.

Un exercice?

Il est très court et très efficace.

Prise de contact avec la peur, votre conseillère

Assoyez-vous confortablement.

Prenez trois grandes respirations, en vous concentrant sur les mouvements de l'inspiration et de l'expiration.

Laissez monter les images qui viennent en vous.

Acceptez cette révélation qui vous est faite comme un cadeau du ciel.

Ne vous jugez pas, n'essayez pas de comprendre pourquoi les images arrivent. Elles sont là, un point c'est tout !

Si une image reste plus longtemps, demandez à votre conscience qu'elle vous livre son enseignement.

Si cet enseignement tarde à se présenter, prenez le temps de ressentir votre respiration, de vous détendre. Demandez à vos guides et à vos anges de vous apporter le soutien nécessaire.

Il se peut que cette image vous mène à une autre. Demandez alors que cet enseignement soit aussi amené à votre conscience.

Poursuivez cet exercice de conscientisation jusqu'à ce que vous ressentiez que chacun des enseignements vous a été révélé.

Remerciez-vous de vous être permis de vivre cet exercice avec amour et courage.

Remerciez-vous d'avoir accepté de lever le voile derrière lequel se cache cette peur, car vous aurez ainsi accès à un potentiel jusqu'alors inexploré.

Remerciez vos guides et vos anges de leur soutien et de leur aide.

Les images révélées ont été nombreuses. Les ressentis aussi.

Vous avez laissé entrer la peur dans votre demeure d'une manière très douce et très délicate. Elle vous a donc respectée et soutenue dans votre démarche d'être vous-même. Elle vous a permis de définir vos besoins de façon que vous puissiez mieux vous respecter.

Dorénavant, votre peur vous servira de guide. Elle vous l'indiquera quand il sera temps de passer à l'action.

Merci ! C'est si simple avec vous !

Tout est simple quand on le veut et qu'on le souhaite. Désirez-vous poursuivre l'exercice ?

Oui !

Laissez de nouveau monter les images en vous. Concentrez-vous.

Ce n'est pas une image mais un mot.

Quel est-il ?

Satan.

Très intéressant !

Ah oui ?

Cela prouve que vous élevez votre vibration et que vous ressentez davantage les êtres qui vous entourent. Que vous affrontez votre côté obscur. Nous avons tous un côté obscur, qui nous pousse à nous détruire, à ne pas nous respecter, à ne pas nous écouter. Lorsque nous unissons ce côté obscur et notre côté lumineux, nous parvenons à laisser jaillir de nous notre force, notre courage et notre individualité. C'est là le dessein désiré de Dieu.

C'est la première fois que vous prononcez ce mot, Dieu.

Il ne faut pas voir Dieu comme appartenant à la religion catholique, à la religion musulmane ou à celle des protestants, mais bien comme le divin qui est en vous. Quelles que soient les religions, elles prônent toutes la même chose : l'écoute de son esprit sacré et de sa volonté.

Je vous quitte et je vous propose de continuer cette rencontre demain avant-midi.

Parfait. Ne vous oubliez pas !

(?)

C'est pour vous que vous cheminez, ainsi que pour les autres. Assurez-vous de trouver un équilibre entre vos activités et votre cheminement. En cas de problème d'horaire, il est important de définir ce qui est prioritaire. Ainsi, vous resterez en accord avec ce que vous êtes et avec ce que vous désirez.

Le 2 février 2004

La colère est très présente en moi, car j'ai l'impression de ne pas être à la hauteur et de ne pas posséder les outils nécessaires pour parvenir à réaliser mes rêves. Êtes-vous encore là ?

Juste à côté de toi, chère enfant.

Vraiment ?

Oui. Ressentez notre présence.

Comment pourrais-je y arriver ?

Nous sommes de chaque côté de vous. Prenez le temps de nous ressentir et de vibrer d'amour, de joie et de paix. Ne doutez pas de vos ressentis. Nous sommes avec vous. Nous sommes là parce que nous vous aimons et que nous croyons en vous. Nous connaissons votre force, votre puissance et nous savons que vous répandez beaucoup d'amour autour de vous. Vous vibrez de lumière et vous acceptez, à votre rythme, les enseignements que nous vous prodiguons. Vous savez rester en harmonie avec vous-même.

Est-ce normal, cette impression que j'ai de me parler à moi-même ?

Vous arrivez à nous ressentir par l'intermédiaire de votre cœur. Il est la voie de la communication entre vous et nous, d'où l'impression que nous sommes à l'intérieur de vous.

Ce n'est pas du tout l'idée véhiculée sur la canalisation des messages d'amour et de lumière. Souvent, elle est plutôt présentée comme un état de transe dû à la présence d'une entité à l'intérieur de soi.

Oui, il peut arriver que la canalisation[1] se passe ainsi. Mais ce n'est pas la seule manière dont elle peut se faire. Nous aimerions que vous réalisiez que vous l'exercez à votre façon. Nous avons besoin de vous, de votre lumière, de votre force et de votre courage. Sans vous, il nous serait impossible de communiquer la force et la lumière de l'au-delà.

C'est une très grande responsabilité.

Vous êtes en mesure de l'assumer. Il n'y a sur votre chemin que ce que vous êtes en mesure de comprendre et de réussir. Parfois, vous doutez de vos capacités, et c'est tout à fait normal. Mais, très sou-

---

1. Version française du terme « channeling ». La canalisation implique la réception de messages de l'au-delà par communication télépathique (écoute des voix et des ressentis), transe semi-profonde (la personne demeure consciente tout en ayant des manifestations physiques de la présence de l'entité) ou transe profonde (inconscience des faits et gestes puisque l'entité « entre » complètement dans le corps de la personne servant de canal).

vent, ce doute bloque la source de votre potentiel. Il importe de croire en lui. Les possibilités sont illimitées. Seule votre vision est limitée.

Tout se bouscule, tout va si vite...

Prenez le temps de digérer ce qui vous arrive, de l'assimiler. Tout réside dans l'écoute de soi, dans le désir de réalisation de son plein potentiel.

C'est un privilège d'entrer en contact direct avec vous.

Nous vous remercions d'être à notre écoute. Nous souhaitons tant vous aider !

Il est extrêmement rassurant de vous savoir avec nous. Cela nous apporte une énergie de paix et une force incroyable.

Elle n'est pas incroyable, puisque vous la ressentez. Nous dirions plutôt qu'elle est immense.

Oui, c'est vrai. Qui êtes-vous ? Rassurez-moi !

Nous sommes les entités de lumière qui vous accompagnent chaque jour. Nous ne vous abandonnerons jamais. Il n'y a que vous qui puissiez vous abandonner. Il n'y a que vous qui puissiez vous éloigner de votre essence, de votre vérité.

Il est surprenant de voir avec quelle facilité nous pouvons communiquer avec vous. Cela donne l'impression de parler à des amis très proches.

Beaucoup de gens croient qu'il faut atteindre quelque chose d'inaccessible pour nous rejoindre. Pourtant, tout se trouve déjà en vous, dans votre cœur, vous donnant ainsi accès à la vérité, à la paix, à l'harmonie, au bonheur, à l'amour, à la joie. Trop d'idées préconçues entourent la médiumnité[2]. Elle est accessible à tous.

Pourquoi ai-je la tête lourde ?

Vous contactez une énergie nouvelle, différente de ce que vous avez contacté jusqu'à maintenant. Il importe donc que vous mangiez extrêmement bien, que vous dormiez beaucoup et que vous fassiez de l'exercice pour permettre à votre corps de vibrer amplement à cette nouvelle énergie.

En quoi est-elle nouvelle ?

Par sa force, son potentiel et ses possibilités. Les jours et les mois qui suivent seront très chargés pour vous. Tout ce que vous avez freiné jusqu'à maintenant désire sortir, s'épanouir le plus rapidement possible. Le cheminement que vous ferez servira de balise à d'autres.

C'est pourquoi nous vous demandons d'être à l'écoute de vous-même. Au fur et à mesure que vous cheminerez, d'autres gens feront de même. Et ils auront besoin de votre aide pour y parvenir. C'est cela travailler dans la lumière, avec la lumière et pour la lumière, chère enfant.

Que vont penser ma famille, mes amis, mon entourage ?

Rassurez-vous, nous veillons sur eux. Nous nous assurerons de les faire cheminer suffisamment pour qu'ils vous comprennent et vous respectent. Il n'en tient qu'à vous de faire de même avec eux, en restant dans l'humilité la plus totale, en restant humain tout en véhiculant votre divin.

---

2. La médiumnité se définit comme la faculté d'entrer en canalisation, de communiquer avec l'au-delà.

Ce travail a déjà été commencé par d'autres. En quoi ce cheminement diffère-t-il de celui des autres ?

Chaque être a sa propre compréhension, son propre cheminement vers la découverte de la spiritualité. Voilà pourquoi vous devez poursuivre l'écriture de ce livre, car il répond à un besoin précis chez vous tout en aidant de nombreuses personnes autour de vous.

Merci de m'aider dans le parcours de cette route !

Vous n'avez pas à nous remercier, mais bien à vous remercier vous-même de vous permettre de vivre ce grand moment d'amour de soi.

Le 3 février 2004

En cas de doute, doit-on poursuivre son chemin ? Comment être certain que la route choisie est la bonne ? Pouvez-vous avoir une réponse honnête, sensée et ne pas chercher à m'humilier ?

Vous n'êtes pas centrée. Vous avez peur.

Oui, énormément ! Peur de me tromper, de ne pas prendre la bonne direction, de ne pas faire le bon choix.

C'est compréhensible et même normal lorsqu'on chemine vers la reconquête de sa destinée.

Il y a une présence qui se manifeste vers l'avant, à gauche. Qui êtes-vous ?

Est-ce vraiment si important ?

Oui. Pour moi, ce l'est.

Je suis Sofia[3], la grande prêtresse de la sagesse. Je suis là pour vous apprendre diverses choses, pour vous aider dans votre cheminement et, par le fait même, aider les autres.

Je croyais que le contact avec vous s'effectuerait par le biais de la canalisation.

N'est-ce pas ce qui se produit? Des idées préconçues, des images fortes de charlatans hantent votre esprit. En toute bonne foi, demandez à ces images de partir en leur disant que vous ne désirez plus les voir. Voyez comme c'est simple! Je suis à côté de vous et le serai à chaque demande de votre part.

Alors, que devons-nous faire quand le doute et la crainte nous envahissent?

Que vous dicte votre voix intérieure?

De fuir au plus vite!

Vraiment? Prenez le temps de respirer, de vous centrer. Demandez à vos guides de vous apporter leur aide. Demandez l'aide des êtres de lumière.

Je sens une présence, des gens de chaque côté de moi. Je me sens soulevée de terre, transportée.

Ces guides sont là pour que vous contactiez le divin en vous.

Pourquoi ce contact arrive-t-il maintenant?

---

3. Sofia est le nom donné à la déesse grecque de la sagesse. Ce nom est aussi utilisé pour représenter le Christ. Ce guide vise la prise de contact avec la sagesse de votre cœur. Il suffit de demander sa présence pour qu'elle se manifeste.

Acceptez cet état de fait. Vous êtes comme vous êtes, dans toute votre beauté et toute votre essence. Il y a longtemps que vous désiriez ce contact. Combien de fois l'avez-vous refusé ?

Plusieurs fois par jour.

Voyez comme il est simple de laisser la lumière jaillir de soi. Ainsi, vous pouvez être à l'écoute des signes qui se présentent sur votre route.

En effet.

Eh bien, nous vous proposons de partir avec nous pour ce merveilleux voyage intérieur.

Vous suivre sera un immense plaisir !

Non, vous nous accompagnez. Vous êtes une actrice clé de ce voyage. Vous y participez à part entière. La réussite est entre vos mains !

Parfait ! Quel réconfort de vous savoir si près et de pouvoir accéder à mes vérités intérieures !

Le 10 février 2004

Déjà une semaine d'écoulée et mon énergie intérieure est totalement différente. Je me sens tellement bien, en paix avec moi-même.

Vous êtes en accord avec vous-même, avec ce que vous êtes. N'en doutez pas.

Pourquoi une période de pause a-t-elle été nécessaire au cours de ce voyage ?

Nous vous invitons à trouver la réponse.

Cette période d'arrêt a été bénéfique. La torture intérieure a fait place à la confiance. Je ressens une grande paix intérieure.

Vous avez su écouter votre cœur, la seule voie possible vers le bonheur. C'est lui qui vous a indiqué de prendre un temps d'arrêt. Mais, souvent, la peur croise encore votre route.

Le mot Satan résonne encore...

Pourquoi ?

Avec le recul, ce mot cache soit une peur, soit un manque d'écoute, soit une décision non désirée.

Voilà un bel exemple de l'apprivoisement de la peur. Vous constatez qu'elle est finalement présente en vous, qu'elle fait partie de vous, qu'elle vous habite et qu'elle est le moteur de votre évolution.

Plus vous amenez la lumière à l'intérieur de vous, plus vous découvrez des zones obscures, des zones vierges, non touchées, qu'il suffit d'éclairer. Parfois, le résultat est surprenant, voire terrifiant. Vous pensez alors au seul mot que vous connaissez pour représenter le côté obscur. Mais n'y aurait-il pas un autre mot ?

Aucune idée. La conscience de ce mécanisme s'effectue au fur et à mesure que vous me le décrivez.

Et si on parlait du côté caché, inconnu, du potentiel créateur, infini, magnifique ?

Ah oui ?

Tout ce qui est en vous doit être découvert et amené dans le feu de la lumière consciente et divine, en accord total avec ce que vous êtes, ce que vous devenez. Et la manière d'y parvenir est d'ouvrir votre cœur et de laisser entrer la lumière dans ces zones cachées, obscures et inconnues. Plus cet exercice s'effectuera de manière quotidienne, plus il deviendra facile, et plus il sera facile, moins vous le craindrez.

C'est donc une spirale d'amour que nous créons en nous en explorant ce potentiel immense de pouvoir créateur.

Parfaitement ! La peur peut devenir une conseillère dans le sens où elle peut vous guider vers des régions totalement inconnues de votre être, des parties de vous complètement enfouies. N'est-ce pas merveilleux ?

Effectivement. Merci pour cette découverte !

Merci à vous, chère enfant.

Est-il possible de parler des différentes peurs rencontrées sur notre route ?

Laquelle aimeriez-vous explorer ?

Celle d'aimer !

Il est intéressant que vous commenciez par celle-là.

Pourquoi ?

C'est la plus importante et la plus vivante. Elle comporte plusieurs autres peurs. C'est la peur maîtresse.

Pouvez-vous me donner plus de détails ?

Oui. La peur d'aimer implique la peur du rejet, la peur de l'incompréhension, la peur du jugement, la peur de perdre. C'est pourquoi l'amour provoque une si grande transformation chez un être.

C'est une manière très différente de comprendre la peur d'aimer. Cela explique pourquoi tant de gens se contentent d'un amour platonique, ne correspondant pas à leurs attentes ni à leur vérité. Il est très difficile d'arriver à trouver l'amour, le vrai. Cela nécessite de nombreux et douloureux échecs amoureux.

C'est une conception de l'amour.

Qu'entendez-vous par là ?

Ces expériences amoureuses douloureuses peuvent vous permettre d'explorer des zones cachées de vous-même et de faire la lumière sur elles afin d'atteindre le plein épanouissement, en vous-même et dans votre vie sentimentale.

Voilà une vision positive et réconfortante.

Il suffit de poursuivre dans cette veine de bonheur et de l'alimenter en y mettant la lumière de votre cœur.

Comment peut-on vivre cette peur maîtresse ?

En l'abordant de la même manière que toutes les autres : en l'invitant chez vous au moment opportun et en lui laissant une place, mais pas toute la place. Elle vous guidera sur le chemin, vous assurant la meilleure exploration possible de vous-même.

Mais comme elle contient d'autres peurs, cela ne risque-t-il pas de devenir insupportable ?

Pas du tout! Il importe d'être très ancré, d'être bien «branché», d'être «connecté» à ce que vous êtes, et le reste se fera tout seul. N'oubliez pas que vous êtes le seul maître à bord. Il n'en tient qu'à vous de ralentir votre rythme et de vous offrir un moment de pause et d'amour inconditionnel. Maintenant, comprenez-vous pourquoi le cheminement des gens n'est jamais le même et ne se fait jamais à la même vitesse?

Oui, mais si on ralentit au cours d'un cheminement, est-ce que ça veut dire que l'on est paresseux ou que l'on refuse de se voir tel que l'on est?

Une telle pensée démontre de la dureté et de l'intransigeance envers soi. Vous ne devez pas vous juger trop sévèrement. Il importe que vous vous pardonniez ce manque de compréhension envers vous-même.

Comment peut-on se pardonner?

Faites l'exercice suivant avec beaucoup d'amour pour vous-même.

Le «par – don» d'amour

Assoyez-vous confortablement.

Fermez les yeux.

Tournez les paumes de vos mains vers le ciel et gardez vos pieds en contact avec le sol. Ainsi, vous vous assurez une grande polarisation en provenance de la source céleste et de la terre mère.

Prenez trois grandes respirations au niveau de l'abdomen. Prenez le temps de ressentir le calme et la quiétude qui émergent en vous et tout autour de vous.

Imaginez une immense bulle de lumière partant de votre cœur et vous entourant totalement. Prenez le temps de sentir la chaleur et le bien-être que vous apporte cette lumière.

Vous vous sentez totalement protégée et entourée.

Vous ressentez l'amour inconditionnel que contient cette lumière.

Grâce à cette bulle, vous pouvez vous offrir le « par-don » d'amour pour toute votre incompréhension et votre dureté envers vous-même. Elles ont été nécessaires à votre cheminement. Remerciez-les de vous avoir aidée. À présent, demandez-leur de partir. Prenez le temps de ressentir qu'elles sortent, à tour de rôle, de votre bulle de lumière en retournant à la terre sous forme de compost, profitable à la nature en raison de la lumière qu'elles contiennent maintenant.

Remerciez-vous de vous permettre de vivre ce moment d'amour inconditionnel envers vous-même et demandez que cet amour inconditionnel vous accompagne maintenant sur votre route.

Que cet amour vous guide et ouvre votre conscience !

Merci ! Quel bel exercice pour retrouver la sérénité et le calme !

Faites-le aussi souvent que vous en sentirez le besoin. Il vous sera utile dans la découverte de l'origine de vos peurs. Il vous apportera la sécurité nécessaire pour poursuivre votre route en vous permettant de prendre contact avec vous-même, avec la personne que vous êtes grâce au merveilleux don d'amour que vous vous faites.

Et si on revenait à la peur d'aimer...

Sans même que vous vous en rendiez compte, nous avons aussi exploré la peur d'aimer. Elle commence par la peur de s'aimer tel que l'on est. Vous cherchez à vous changer, à vous améliorer sans cesse, mais dans quel but ?

Pour plaire aux autres.

Voici la clé : la peur d'aimer a pris trop de place. Vous n'avez pas pris le temps d'explorer l'amour de vous-même. Comment voulez-vous être en mesure d'explorer la peur d'aimer quelqu'un d'autre ? Tout commence par l'amour de soi. Par la suite, vous serez en mesure d'offrir l'amour à l'autre et ainsi de vous enrichir mutuellement par une compréhension commune des mille et une choses de la vie.

À présent, je comprends pourquoi un cheminement peut être répétitif, lourd et très long.

Vous croyez qu'il est répétitif et long. Est-ce vraiment le cas ?

Honnêtement, non. Malgré l'impression de faire du surplace, le cheminement se poursuit.

Vous voyez, la tendance à l'exagération peut vous nuire. Nous aimerions amener cela à votre conscience. Si vous exagérez dans des situations où la peur est absente, cela risque fort de se produire lorsque vous serez en état de peur. Il vous faudra davantage d'énergie pour la vivre et explorer vos zones cachées. Acceptez de voir la situation telle qu'elle se présente et vous y trouverez un grand réconfort. Ainsi, si vous ouvrez votre cœur et votre conscience, la peur ne vous envahira pas.

Exagérer les événements et les situations était une façon de mettre du piquant dans une histoire. Maintenant que cette conscience est présente, l'humour remplacera l'exagération.

L'humour est un outil de dérision, il doit donc servir à bon escient.

Pourriez-vous être plus précis?

Si vous vous servez de l'humour pour vous dénigrer ou dénigrer l'autre, cela n'est guère mieux. L'humour est un outil de décristallisation, puisqu'il permet de comprendre et d'accepter des choses. Cependant, il peut vite devenir un outil de ridiculisation de soi-même et des autres.

Où se situe la frontière entre ces deux pôles?

La limite entre ces deux tendances est celle que votre cœur vous impose. Riez-vous de bon cœur? Est-ce l'amour de soi qui guide ce rire, cet humour? Est-ce une volonté d'apporter de la lumière par le rire qui vous habite?

S'interroger sur la raison du rire? Quand on rit, on rit. C'est spontané!

Nous ne vous demandons pas de ne plus être spontané. Nous vous demandons d'être conscient que vous faites l'action de rire afin que celle-ci devienne un outil épanouissant, pour vous et pour les autres.

Merci pour ces explications. La conscience est importante.

Oui, vous avez raison. Elle est la source, elle nourrit, elle alimente. Elle vibre d'amour, de paix et d'harmonie. Sans la conscience, l'écoute de votre cœur et de votre vérité serait impossible. Et, par le fait même, l'évolution spirituelle serait aussi impossible.

L'évolution spirituelle ?

La spiritualité n'est que le contact que vous avez avec votre âme.

C'est assez simpliste comme raisonnement.

Vous trouvez? Le contact avec votre âme vous amène à la découverte de la personne que vous êtes, de ce que vous devenez et de l'endroit où vous désirez vous rendre. Ce contact donne un sens à votre vie, à votre séjour sur terre. Il n'est possible que grâce à la conscience.

Uniquement grâce à elle ?

La conscience est un élément primordial. Elle facilite l'expérience en la rendant plus vraie et plus amoureuse. Elle permet le contact avec votre cœur et assure la présence de l'amour inconditionnel.

C'est donc une porte vers le cheminement de soi ?

En effet, elle ouvre le potentiel créateur en chaque être. La conscience permet de vivre adéquatement les peurs par le rayon lumineux qu'elle apporte dans les zones cachées de votre être. Elle correspond au chakra du troisième œil. Sa couleur d'énergie est l'indigo. La pierre lui correspondant est l'améthyste et, parfois, la fluorine ou la lazurite. Si vous voyez cette couleur lorsque vous méditez ou que vous êtes attirée vers la pierre de l'améthyste, c'est que vous amenez la conscience dans votre vie.

C'est épatant!

La vie est harmonie et bien-être. Il suffit de regarder la nature pour le voir et le ressentir. Et vous, vous fonctionnez aussi à ce rythme. C'est le non-respect de ce rythme qui engendre la peur, la peine, la maladie.

Comment expliquez-vous cela?

Chaque être sur cette planète vit dans l'abondance la plus totale. Il trouve toujours ce dont il a besoin pour manger, pour dormir, pour boire. C'est une constante. Il ne ressent jamais le doute ou la peur du manque. Seul l'être humain a peur de manquer de quelque chose. Résultat : la terre est complètement pillée, saccagée, meurtrie. Et les efforts de différents groupes pour améliorer son sort doivent être appuyés par chaque personne. L'être humain possède une conscience. Ne devrait-il pas s'en servir à bon escient?

Oui, effectivement.

L'être humain doit amener sa conscience jusqu'où va sa peur. Quelles en seront les conséquences? Nous sommes certains que bon nombre de gens n'agiraient pas comme ils le font s'ils étaient conscients de l'impact de leurs gestes. Cet impact se reflète aussi chez eux. La terre, c'est, en quelque sorte, leur corps. Bon nombre d'entre vous, vous y compris, ont beaucoup de difficulté à respecter cette terre qu'est votre corps. Donc, comment voulez-vous la respecter à une plus grande échelle? Pourtant, nombreux sont ceux qui ne jurent que par le respect. Le respect commence par vous. Par la conscience de ce que vous êtes, de ce que vous devenez. Ainsi, chaque geste que vous faites sera en accord et en harmonie avec votre environnement et celui qui vous entoure. Avez-vous déjà remarqué les bienfaits que procure une bonne action?

Oui, à maintes reprises.

Il en va de même pour la conscience. Plus les gens développent leur conscience, plus fort sera l'impact sur le plan individuel et, par le fait même, collectivement. C'est comme les cercles que l'on voit quand on lance une roche dans l'eau.

C'est toute une réflexion ! La peur peut avoir beaucoup de ramifications. Elle peut avoir beaucoup d'impact. Il faut donc être parfait compte tenu du grand impact de nos gestes. C'est invivable !

Chère enfant, conscience ne veut pas dire perfection. Cela veut simplement dire que vous devez vous voir faire des gestes, agir en tant qu'acteur et spectateur de votre vie. Ainsi, vous pourrez toujours ajuster le tir lorsque ce sera nécessaire. La vie constitue un merveilleux laboratoire, donnant lieu à une multitude d'expériences. Mais peu importe le nombre d'expériences, le succès est toujours garanti. Un chercheur tente toujours d'améliorer ses expériences parce qu'il sait que chacune d'elles le rapprochent de son but. Il en va de même avec votre vie.

Mais nous visons tous la perfection. Nous aimerions tous être parfaits. N'est-ce pas le sens même de l'évolution ?

La perfection est une notion mal comprise. La perfection est possible à un moment précis, et dès que ce moment est passé, ce qui suit sera nécessairement mieux. Cela risque même d'être parfait à nouveau. Donc, la perfection n'est pas une finalité en soi mais bien une notion permettant l'évolution et une constante amélioration. Si la perfection est vécue de cette manière, si elle est portée à votre conscience, elle vous permettra de grandes réalisations.

Cette vision de la perfection permet de faire la paix avec cette partie de nous qui cherche tant la perfection. Donc, il est sain et normal de vouloir s'améliorer constamment et d'accepter le changement. Ce qui est contre-nature, c'est d'atteindre un but et de s'asseoir sur ses lauriers.

Je suis heureuse, chère enfant, que vous ameniez cela à votre conscience.

Heureuse ? Barthélemy[4] ne parle-t-il pas en votre nom ?

Barthélemy me laisse vous parler lorsque vous savez écouter la sagesse de votre cœur et la grandeur de votre âme. D'ailleurs, nous serons plus d'un à vous parler tout au long de ce livre. Chacun viendra le faire à tour de rôle. Si cette parole est commune, nous parlerons en tant que « nous ». Sinon, nous vous indiquerons qui vous parle.

Qui êtes-vous ?

Je suis Sofia, la grande prêtresse de la sagesse. Rappelez-vous la journée du 3 février.

Merci pour ces précisions. Pourrions-nous revenir à la notion de perfection ?

La perfection est une notion tellement relative, tellement subjective ! Elle est sujette à l'interprétation. Ainsi, il est important que la perfection soit un moteur d'évolution par rapport à la même per-

---

4. Barthélemy, apôtre de Jésus, est mieux connu sous le nom de Nathanaël. Envié par les gens de l'époque en raison des nombreux miracles qu'il fit, il a été écorché vif et eut la tête tranchée. Le corps écorché et la peau sanglante de l'apôtre furent enterrés à Albane, en haute Arménie. Il s'y opéra tant de miracles que les païens, furieux, enfermèrent le corps du bienheureux dans un cercueil de plomb et le jetèrent à la mer. Mais le cercueil, flottant sur l'eau, toucha heureusement l'île de Lipari, près de la Sicile. Plus tard, les Sarrasins s'emparèrent de cette île et dispersèrent les saintes reliques ; mais un moine reçut, dans une vision, l'ordre de recueillir les ossements de l'apôtre. Le corps de saint Barthélemy est aujourd'hui à Rome, et sa tête, à Toulouse (source : site Magnificat, section relative à la vie des saints, le 24 août. http://www.magnificat.ca/cal/fran/august.html).

sonne, au même groupe, à la même nation. Sinon, elle engendre la colère, la frustration, la haine et l'impuissance d'agir.

On ne peut être parfait que par rapport à soi ?

Effectivement! Votre valeur en tant que personne, votre cheminement, votre spiritualité n'ont un sens que par rapport à vous-même. Ainsi, il est possible de prendre conscience de votre évolution. De plus, la comparaison se faisant sur de bonnes bases vous assure de ne pas être victime de la peur de ne pas être comme les autres. Vous pouvez alors évoluer facilement et à votre propre rythme.

On évite la peur. Pourtant, vous avez mentionné que nous devions la laisser entrer en soi pour qu'elle devienne notre amie.

Il y a la peur saine, qui amène l'évolution, et la peur maladive, qui détruit. Jusqu'à maintenant, nous avons parlé de la peur saine.

Comment peut-on reconnaître la peur maladive ?

Elle se caractérise par un manque de confiance en soi et un besoin continuel d'être sécurisé au détriment de son évolution. Le fait de vous comparer aux autres ne favorise pas votre développement par la connaissance de votre potentiel mais bien un renoncement à ce potentiel.

La comparaison amène l'idée qu'il vous manque quelque chose alors que c'est totalement faux. En venant sur terre, vous vous êtes offert tout ce dont vous aviez besoin pour évoluer et grandir. Il suffit de rester conscient que tout ce dont vous avez besoin vous sera offert au moment opportun, dans le plus profond respect de la personne que vous êtes.

Peut-on parler de l'abondance universelle ?

L'abondance universelle inclut tous les types d'abondance, y compris l'abondance matérielle.

Qu'en est-il des demandes effectuées auprès des guides et des anges gardiens qui nous apportent leur soutien ?

Moi, Sofia, je ne vous dis pas de les éviter, mais d'être conscient de votre potentiel afin d'effectuer les demandes pour vous et non en fonction d'une image ou d'une volonté qui ne sont pas les vôtres. Vous est-il déjà arrivé de faire des demandes et qu'elles ne soient pas exaucées ?

Oui, parfois. Et ma déception a été très grande.

Voilà des exemples de demandes qui ne vous convenaient pas même si vous croyiez le contraire.

Pourtant, selon la loi de l'équilibre, nos demandes devraient être exaucées.

Vous êtes-vous donné le temps de vérifier si ces demandes vous convenaient ?

Non. Je voyais cela comme un droit acquis.

Pourquoi considérez-vous que les demandes doivent nécessairement être exaucées ?

Le travail acharné sur soi fait que nos demandes doivent être comblées. C'est une suite logique.

Votre récompense d'avoir travaillé fort sur vous-même ne se trouve-t-elle pas dans le changement qui s'opère en vous ?

Effectivement, c'est une source de récompense. Mais est-il possible d'en avoir aussi une sur un autre plan, par exemple matériel ?

Et si vous reconnaissiez plutôt le potentiel énergétique de votre découverte en vous remerciant et en vous bénissant d'avoir travaillé si fort ?

Il est vrai qu'on se remercie rarement d'avoir grandi et persévéré.

Justement ! L'absence de remerciements engendre une énergie de non-remerciement. Voilà pourquoi vos demandes de remerciement ne se sont pas réalisées. Tout commence par soi.

Donc, si on s'apprécie et si on se remercie à sa juste valeur, nos demandes seront exaucées ?

Seulement si elles correspondent à votre évolution.

Finalement, il ne faut rien attendre de son développement.

En quelque sorte. Vos récompenses vous viennent du cheminement amené par votre évolution, par vos efforts pour être au meilleur de vous-même et par les résultats sur le plan du cœur. Honnêtement, avez-vous manqué de quelque chose même si certaines demandes n'ont pas été exaucées ?

Non, du tout. Il y a seulement de la déception et du doute. Et puis, souvent, on reçoit autre chose que ce qu'on avait demandé au départ, ce qui est une agréable surprise.

Vous voyez, vous recevez ce qui vous convient, ce qui est fait pour vous. Si vous désirez faire une demande, il importe de la faire avec votre cœur et votre conscience. Ainsi, vous pouvez vous connecter à ce dont vous avez réellement besoin pour grandir et évoluer.

Comment effectuer des demandes nous convenant parfaitement ?

Vous y arriverez au fur et à mesure que vous essaierez de le faire. Acceptez avec conscience que certaines de vos demandes ne soient pas exaucées car elles ne correspondent pas à votre évolution. Plus vous acceptez, plus vous lâchez prise, plus votre cycle de demandes-réponses sera fertile.

Comment faire des demandes ?

Moi, Sofia, je vous invite à faire l'exercice suivant.

Comment faire une demande

Repérez, sur le calendrier, la date de la prochaine pleine Lune.

Isolez la période de croissance qui a lieu durant les sept jours précédant la pleine Lune.

Dès le premier jour de croissance de la lune, assoyez-vous dans un endroit calme, munie d'une feuille totalement blanche, sans lignes ni rien d'autre, et d'un stylo bleu. La couleur de l'encre est importante, puisque le bleu s'inscrit dans l'Univers.

Prenez trois grandes respirations afin de vous concentrer sur votre énergie.

Demandez à votre conscience et à votre cœur de vous aider à faire des demandes en totale harmonie avec votre être et convenant à votre cheminement.

Au fur et à mesure qu'elles viennent à votre conscience, inscrivez-les sur la feuille de papier.

Lorsque vous n'aurez plus de demandes à formuler, rangez cette feuille dans un endroit secret jusqu'au lendemain.

Le lendemain, refaites l'exercice en reprenant la même feuille. N'hésitez pas à y apporter les modifications nécessaires.

Refaites cet exercice jusqu'au soir de la pleine Lune ou jusqu'à ce que vous soyez satisfaite de vos demandes et que vous ressentiez qu'elles sont en harmonie avec vous.

Retranscrivez ces demandes sur une autre feuille blanche, toujours avec un stylo bleu.

Pliez ce papier autant de fois qu'il le faudra pour ne pas voir l'écriture.

Placez-le en dessous de votre oreiller pour la nuit.

Le lendemain, mettez-le au fond d'un tiroir sans même le consulter.

Au bout de trois à quatre mois, relisez ce papier. Les demandes en totale harmonie avec vous-même se seront toutes réalisées.

Le 11 février 2004

Nous nous sommes éloignés de la peur au cours de la conversation.

Vous croyez?

Parfaitement!

Eh bien non!

Pourquoi?

Nous discutons de la peur de faire des demandes... La peur d'oser demander ce qui vous plairait réellement, ce qui vous conviendrait parfaitement.

C'est intéressant...

Combien de fois recevons-nous des demandes qui nous surprennent? Nous souhaitons toujours votre bonheur, que vous trouviez votre voie, la vôtre, celle qui vous fera vibrer. Pourtant, certaines demandes sont surprenantes, voire irréelles.

Il est surprenant de vous entendre dire de tels propos.

Nous aussi, nous sommes surpris. Nous n'avons guère souvent la chance de parler de cet état de fait. Nous aimerions bien réaliser toutes les demandes que vous faites, mais nous ne pouvons exaucer que celles qui sont en accord avec votre âme et votre destinée. Nous connaissons la conséquence, soit l'absence de réalisation, que certaines pourraient avoir sur vous. C'est pourquoi nous vous dirigeons plutôt vers ce qui vous convient afin de vous amener à faire les demandes qui sont bonnes pour vous.

Et le libre arbitre dans tout ça ? Ne sommes-nous pas maîtres de notre destinée ?

C'est parce que vous avez le libre arbitre que nous devons agir ainsi. Nous ne pouvons réaliser des choses sans que vous en ayez fait expressément la demande. De plus, celle-ci doit être en accord total avec le parcours de votre âme, de votre destinée. Combien de fois les demandes reçues n'étaient pas en accord avec vous.

Notre mission est de vous aider à prendre contact avec votre âme et d'amener à votre conscience le plein potentiel qui vous habite. Il arrive souvent que les gens aient peur d'être eux-mêmes, peur de se regarder tels qu'ils sont, de voir tout leur potentiel. Pourquoi vous faut-il tant de souffrances pour parvenir à être vous-même ? Sont-elles vraiment nécessaires ?

Je ne sais pas. Il est certain que la peur est un élément clé.

Effectivement, mais elle ne doit pas être le moteur principal. Rappelez-vous qu'elle est une amie que vous invitez chez vous, et non vous-même. Elle est une partie de vous et non totalement vous. À cette peur s'ajoutent votre force, votre courage, votre volonté de réussir, vos grandes capacités. Tous ces éléments façonnent votre personnalité et doivent travailler ensemble et non dans des directions opposées.

Imaginez ce qui arrive lorsque tout votre potentiel est mobilisé par la peur. Il en découle nécessairement un déracinement et des coups d'épée dans toutes les directions pour vous protéger, puisque vous ne savez pas où vous êtes ni quelle direction vous désirez prendre. Vous arrivez à maintenir ce rythme pendant un certain temps en raison du potentiel énergétique dont vous disposez pour combattre. Il est certain que vous ne pouvez pas maintenir ces barrières une vie durant. C'est pourquoi vous en venez nécessairement à une prise de contact avec vous-même pour ajuster ce qui doit l'être.

C'est ce qu'on appelle le lâcher-prise.

Oui. Petit à petit, vous laissez entrer l'énergie de la peur provenant d'une direction afin de l'apprivoiser et d'être en mesure de vous en libérer de façon à concentrer votre énergie en d'autres endroits. Tranquillement, les coups d'épée diminuent et se concentrent dans certaines directions.

Ces directions correspondent-elles aux peurs les plus importantes ?

Nous ne dirions pas qu'il s'agit des peurs les plus importantes en termes de grandeur et d'espace, mais de celles qui entraînent un contact direct entre soi et son âme.

Pourquoi restent-elles en dernier lieu ?

En raison des acquis de votre enfance, de votre adolescence et de vos choix de vie à l'âge adulte. Tout facilite l'éloignement de soi : le travail, la famille, les amis, la fortune, le succès, les connaissances, le pouvoir. Il n'en tient qu'à vous de faire des choix qui vous amèneront à vivre constamment en contact avec vous-même. Cela demande de la force, du courage et de la volonté.

Comment arrive-t-on à être en contact avec soi ?

En étant conscient, tout simplement. Conscient à chaque heure, à chaque minute, à chaque seconde de votre vie.

N'est-ce pas un peu lourd ?

Comment avez-vous appris à faire du vélo ?

En y mettant le temps, la patience, l'énergie et la volonté nécessaires.

Avec toutes ces qualités, vous y êtes arrivée ?

Oui, mais pas sans heurts.

Ces heurts faisaient partie de votre expérience. Ils vous ont permis de définir les limites à l'intérieur desquelles l'activité du vélo doit se pratiquer. Vous souvenez-vous d'avoir ressenti de la peur ?

Oui, mais j'ai continué.

Il en va de même pour votre cheminement. Avez-vous trouvé cela lourd ?

Non. Le plaisir était au rendez-vous en raison des nombreuses découvertes que j'ai faites.

Voici l'exercice que nous vous proposons pour vivre sainement la peur au quotidien.

Pour vivre la peur sainement

Assoyez-vous confortablement.

Prenez trois grandes respirations pour entrer en contact avec vous-même.

Rappelez-vous votre première réussite à vélo[5].

---

5. L'analogie de la réussite basée sur la randonnée à vélo peut être remplacée par toute autre sur la réussite personnelle.

Rappelez-vous le bien-être que vous avez éprouvé à la suite de cette réussite.

Conservez cette image dans votre esprit afin de vous en souvenir à chaque moment où vous devrez partir à la découverte de votre peur.

Lorsque vous avez appris à faire du vélo, rappelez-vous que vous aviez les deux mains sur le guidon et que vous preniez la direction que vous désiriez.

Tout votre corps, toute votre énergie, toute votre volonté, tout votre courage ont été mobilisés pour réussir cette première randonnée de vélo.

Prenez le temps de ressentir tout le bien-être que vous avez ressenti au cours de cette première vraie randonnée et laissez cette énergie prendre place partout dans votre corps, de la tête aux pieds, d'une main à l'autre.

Tous les efforts déployés pour parvenir à cette première randonnée valaient leur pesant d'or. Maintenant, vous savez qu'il est possible de rester debout, de freiner quand vous le désirez et de tourner dans une certaine direction quand la route vous demande de le faire... C'est la concentration de toutes vos énergies dans la même direction qui a permis cette réussite.

Appliquez maintenant cette visualisation à l'apprentissage de la peur qui vous habite. Le vélo représente votre corps. La route représente la direction que vous désirez prendre dans votre vie. La force, le courage et la volonté représentent votre conscience.

Imaginez à présent que toutes ces énergies sont déployées pour vous aider à apprivoiser votre peur tout en douceur, et gardez constamment votre réussite à l'esprit, tout comme au cours de votre première randonnée de vélo.

Le 18 février 2004

Comment reconnaître la différence entre une demande répondant à un besoin réel de son âme et une demande motivée par la peur ?

Que vous posiez cette question indique que vous cheminez, que vous avancez. Sans parler de la peur, dites-nous ce que vous aimeriez faire.

J'aimerais développer pleinement mes dons et accepter ma différence jusqu'au plus profond de mon âme. Mais je me freine pour des raisons financières.

Oubliez l'argent et concentrez votre énergie uniquement sur ce que vous désirez.

Ouf ! C'est possible ?

Oui ! Allez-y ! Tout est simple. Vouloir, c'est pouvoir !

La peur de ne pas utiliser mes dons à bon escient est très présente. Et si ces découvertes suscitaient du chagrin et de la peine autour de moi ? Pourtant, il y a sûrement moyen d'être ce que l'on est en s'assurant de faire le bien, pour soi-même et pour les autres.

Effectivement!

Pourquoi ne voit-on pas sa voie dès le départ? Pourquoi nous torturons-nous?

Désiriez-vous vraiment voir votre voie?

Non. La peur du jugement était très présente en moi, tout comme le questionnement sur les possibilités de vivre de sa passion.

Vous aviez peur et cela a semé le doute chez vous. Pour le moment, oubliez la question de l'argent et revenez à votre essence, à ce que vous désirez réellement.

Vivre de sa passion, c'est possible?

Tout est possible pourvu que vous y croyiez! Comment allez-vous atteindre votre objectif?

Cela demande réflexion. Il y a des risques importants à exercer sa passion... Qu'en pensez-vous?

Ce que nous en pensons?

Oui.

Eh bien, toute action faite dans la lumière et dans l'amour inconditionnel apporte un rayonnement à des milles à la ronde. Alors, comment pouvez-vous douter du bien-fondé de votre passion? Croyez en vous!

Donc, vous êtes en accord!

Si cela vous correspond, oui! Est-ce le cas?

Le doute est encore présent. D'ailleurs, qu'est-ce que cela implique d'être médium ?

Être médium signifie être un intermédiaire, un interprète entre deux personnes, un transmetteur. C'est un rôle confié à des gens ayant d'immenses talents sur les plans de la négociation, de la diplomatie, de la douceur, du senti, de l'empathie et de la disponibilité. Ce sont des êtres immensément responsables et conscients.

Cela demande beaucoup de qualités !

Vous les possédez toutes. Alors pourquoi douter de votre potentiel ?

Comment vivre de sa passion au quotidien ? Comment donner un sens à sa vie ?

En aidant les autres.

Oui, mais comment ?

En leur offrant votre aide au moment opportun. Le reste, on s'en occupe.

Que dois-je faire en attendant ?

Demeurez centrée et poursuivez votre cheminement. Ainsi, vous saurez reconnaître ceux qui ont besoin de vous.

C'est si simple ! Mais la même question revient : comment vivre pendant que se mettent en place les éléments pour réaliser ma passion ?

On s'en occupe. Tout ira pour le mieux ! Offrez-vous l'abondance ; demandez l'abondance et nous vous l'apporterons, car tout être sur cette terre mérite l'abondance la plus pure et la plus parfaite.

Merci pour ces paroles rassurantes, pour votre patience et pour votre temps.

Nous aimerions aussi vous remercier pour votre écoute.

Le 19 février 2004

Déjà un mois avec vous! Il a été très rempli et fertile en rebondissements. Le cheminement parcouru est très surprenant. Imaginez le parcours du mois prochain, du suivant, et ainsi de suite...

Vouloir, c'est pouvoir. C'est la clé de la réussite. Avez-vous ressenti des peurs durant ce mois?

Pas au début. La confiance et le bonheur motivaient mon choix. L'énergie était très intense et très motivante. J'étais prête à escalader mille et une montagnes. Tout se déroulait facilement. Le pur bonheur! Mais, en raison de cette facilité, j'ai douté de ma démarche. Je me disais que j'avais sûrement oublié quelque chose ou qu'un contrecoup allait sans doute survenir. Dès lors, des peurs se sont glissées en moi, sournoisement et malicieusement.

Vous avez douté de vous, de votre potentiel? Pourtant, vous aviez très bien débuté. Mais peut-être aviez-vous un peu idéalisé tout cela.

Peut-être. L'idéalisation des choses permet d'avancer, de croire qu'il y a toujours mieux, qu'il est toujours possible de faire mieux. Il est vrai que, parfois, on peut être déçu sans que cela nous dérange dans notre cheminement.

Êtes-vous en colère quand les choses ne se passent pas comme vous le désirez ?

Oui, mais la raison prend le dessus. La sagesse prend lentement sa place.

Alors, il y aurait peut-être lieu de voir autrement votre cheminement, de l'aborder sous un autre angle.

N'est-il pas correct de souhaiter le meilleur ?

Pas au détriment de votre estime de vous-même, de ce que vous devenez, du travail que vous avez commencé sur vous-même. Vous vous dévalorisez à force de trop idéaliser les événements parce qu'ils ne se passent pas comme prévu et vous croyez que c'est de votre faute alors qu'il n'en est rien. Il n'y a aucune faute, car la réalité n'a pas été explorée de la bonne façon, c'est-à-dire telle qu'elle est !

Mais que doit-on faire pour voir la réalité telle qu'elle se présente ?

On doit cesser de l'idéaliser, de la voir comme un élément idéal, un but à atteindre. La perfection n'est pas une finalité de vie en soi. C'est un moyen de parvenir à ses fins.

Ce sujet a déjà été abordé.

Oui. La perfection se rapproche de l'idéalisation des choses, des événements. La source de cette quête d'idéal est la peur.

La peur de quoi ?

La peur de ne pas être à la hauteur, de ne pas être aimé à sa juste valeur, de ne pas être heureux, de manquer de quelque chose, de ne pas être quelqu'un.

Beaucoup de peurs se manifestent dans la quête de la perfection.

Énormément! Mais on peut les apprivoiser en les invitant chez soi une à une. Il suffit de faire les exercices présentés dans ce chapitre, notamment celui sur l'accueil de la peur. Souvent, la peur cache une blessure, une peine, un manque de confiance en soi. N'oubliez pas de terminer l'accueil de votre peur par l'exercice sur le «pardon» d'amour.

Ainsi, les découvertes risquent d'être très nombreuses.

Oui. D'ailleurs, elles constitueront les différents chapitres de ce livre.

Un beau voyage en perspective!

Il est déjà commencé!

Chapitre 2

Le pouvoir et la volonté engendrent la réussite

Le 26 février 2004

Est-il possible d'obtenir votre aide ? D'ailleurs, où êtes-vous ?

Nous sommes à l'intérieur de votre cœur, chère médium, cher être de lumière et de divinité.

Quelle est votre définition du mot médium ?

Médium veut dire « intermédiaire agissant comme moyen de communication ».

Vous voulez dire un transmetteur ?

Effectivement. Un médium est un outil utilisé pour transmettre des messages de toute nature.

Pouvez-vous me donner un exemple ?

Oui, vous !

Moi ?

Vous êtes un médium qui transmettez les messages d'amour, de paix et de sérénité des entités de lumière, des anges gardiens et des archanges aux êtres humains. Le but de votre démarche est d'aider ceux-ci à retrouver leur dialogue intérieur, leur foi en eux-mêmes afin qu'ils deviennent médiums et transmettent à leur tour des messages d'amour.

Donc, être médium ne demande pas nécessairement un contact avec les esprits ou avec les entités, ni d'être clairvoyant. Cela veut dire que toute personne effectuant une démarche intérieure possède ces dons?

Il ne faut pas confondre le médium comme moyen de communication et la personne exerçant une profession de médium. Vous possédez un don, une faculté d'entrer en contact rapidement avec l'autre dimension, soyez-en certaine. Cependant, chaque personne peut transmettre des messages d'amour et de lumière, et donc agir à titre de médium. Mais ce n'est pas tout le monde qui accepte cette fonction de transmetteur.

Toute personne a-t-elle des dons de médium au sens où elle peut en faire une profession?

Oui, tout le monde a des dons sur ce plan, qui sont plus ou moins développés selon la volonté de la personne. Plus elle désire exploiter ses facultés de médium, plus elle pourra faire des découvertes impressionnantes. C'est simplement le champ d'activité qui varie d'une personne à l'autre. Comme les fruits dans la nature, il en existe une multitude de variétés, et elles sont toutes nécessaires, selon les besoins et les goûts propres à chacun.

Ainsi, n'importe qui peut entreprendre une démarche personnelle amenant la découverte de facultés extrasensorielles?

Oui.

Je suis heureuse de savoir que je ne suis pas seule à avoir ces facultés, ces possibilités.

Parlez-vous aux autres de ces facultés, de ces possibilités?

Pas vraiment. Un malaise est présent, tant chez moi que chez les autres. Alors, il est préférable de ne rien dire ou d'en parler au compte-gouttes afin de pouvoir, tranquillement et sûrement, atteindre la vérité intérieure.

Vous êtes mal à l'aise d'être vous-même ? Comment est-ce possible ? Ne croyez-vous pas que si vous êtes vous-même, le malaise se dissipera ? Vous projetez une énergie de malaise et vous recevez donc cette énergie. Ne cherchez pas plus loin et cessez de vous poser des questions. Soyez vous-même et vous serez heureuse en faisant ce que vous désirez réellement. Ainsi, vous n'aurez plus de soucis, plus d'inquiétudes, et vous vivrez dans la sérénité.

Hum... C'est plus facile à dire qu'à faire !

Vouloir, c'est pouvoir. Dès que vous possédez la volonté, vous pouvez réaliser ce que vous désirez, ce que vous souhaitez au plus profond de votre cœur. L'important, c'est de le vouloir au plus profond de son être, et ce sera très facile à réaliser. La volonté est une très forte énergie de création. Elle permet d'accomplir de merveilleuses choses. Dès que vous faites un geste emprunt de bonne volonté, il a une très grande répercussion autour de vous. Particulièrement s'il est accompli avec amour, respect et conscience.

C'est d'une telle simplicité et d'une telle vérité ! Pourriez-vous me donner plus de détails sur le pouvoir et la volonté ? En quoi sont-ils si importants ?

Ce sont deux éléments clés de la réussite.

La réussite ? Il est étrange d'entendre parler de réussite quand on parle de spiritualité.

La réussite ne fait-elle pas partie intégrante de la spiritualité ?

La découverte de la spiritualité est souvent l'aboutissement d'une absence de réussite. C'est lorsqu'on n'a pas réussi qu'on devient spirituel...

C'est effectivement le cas. L'absence de réussite crée souvent des crises existentielles entraînant une démarche spirituelle. Celle-ci amène les prises de conscience nécessaires à la volonté de s'en sortir. La volonté de s'en sortir amène le pouvoir, et celui-ci amène la réussite. Si la réussite n'est pas présente, le cycle recommencera. Si elle est présente, le cycle recommencera aussi, car l'être voudra s'améliorer. La volonté de s'améliorer suscite le pouvoir de s'améliorer, et le pouvoir de s'améliorer mène à la réussite. C'est ce qu'on appelle la spirale de la volonté.

Plus quelqu'un désire quelque chose ardemment, plus il aura le pouvoir de l'obtenir, et plus il sera en mesure de réussir. Plus une personne est consciente de cette spirale de volonté, plus sa réussite sera grande.

Cela me fait penser aux athlètes qui travaillent très fort pendant des années et auxquels il suffira d'une compétition pour connaître la gloire. Cette victoire engendrera d'autres victoires encore plus grandes. Ils sont si beaux sur le podium et si fiers d'eux ! Leur réussite est fascinante.

Les athlètes sont un bon exemple de la spirale de la volonté.

Pourquoi en viennent-ils parfois à douter d'eux-mêmes au point de ne plus gagner de compétitions et de quitter un sport qui les a tant fait vibrer ?

Parce qu'ils ne désirent plus continuer. Ils n'ont plus la volonté de continuer.

Pourtant, ils disent le contraire. Ils sont si déçus. Certains vont même jusqu'à pleurer.

Certains athlètes sont conscients qu'ils ne désirent plus faire leur sport. Ils ont atteint ce qu'ils visaient et ne désirent plus continuer dans cette voie. Ils changent donc de sport ou deviennent entraîneurs de jeunes athlètes afin de partager leur expérience. Cet exemple représente la conscience et l'acceptation de la spirale de la volonté.

Prenons un autre exemple, celui d'une athlète qui, malgré ses nombreux efforts, n'arrive plus à monter sur le podium. Elle s'acharne avec volonté, mais les résultats ne sont pas là. Elle ne gagne pas. Pourquoi? Elle ne désire plus faire ce sport. Dans son for intérieur, elle désire changer, évoluer, progresser vers autre chose, mais la pression du milieu est trop forte pour qu'elle arrête. Alors, si elle continue mais qu'elle ne gagne pas, les gens finiront par la laisser tranquille. Ils la laisseront faire ce qu'elle désire compte tenu du fait qu'elle ne sera « plus bonne » dans ce sport. Les conséquences d'une telle attitude sont très importantes. Le doute, la non-résistance à la manipulation, la coupure envers ses émotions, le refus d'exister s'ancreront profondément jusqu'à ce qu'elle craque à la suite d'un trop grand nombre d'échecs.

Cette absence de réussite l'amènera à de nombreuses prises de conscience; elle réalisera notamment que ce sport ne lui convient plus, qu'elle ne désire plus le faire. Et la volonté de s'en sortir, de trouver autre chose la fera cheminer vers un autre travail, une autre voie qui correspondra à ce qu'elle sera alors et non à ce qu'elle a déjà été. Cette voie est plus longue qu'une autre, mais le résultat sera le même : la personne cheminera vers ce qu'elle désire réellement.

Dans ces deux exemples, la spirale de la volonté a pris toute son importance. Sans elle, le cheminement ne serait pas possible. Il est évident que la spirale de la volonté demande un travail sur le plan des peurs qui, tôt ou tard, sont au rendez-vous. Mais la volonté est toujours plus forte que la peur. L'énergie de la volonté arrive toujours à prendre le dessus sur la peur.

Rappelez-vous votre première vraie randonnée de vélo. Votre volonté de réussir vous a amenée à continuer jusqu'à la réalisation de votre désir. Votre volonté vous a donné le pouvoir d'essayer, et chaque essai vous a permis de réussir.

Ces exemples d'athlètes s'appliquent très bien à la vie de tous les jours. Combien de fois s'acharne-t-on à faire quelque chose sans même être sûr que cela nous tente ? On le fait sans comprendre pourquoi cela ne fonctionne pas.

Il importe donc de toujours se demander si on désire vraiment ce pour quoi on travaille si fort. Est-ce pour soi, pour l'amour de soi que l'on fait ce geste ou est-ce pour ce qu'il nous rapporte ? Se poser la question évitera bien des déceptions.

Donc, il est préférable de se poser la question suivante avant d'agir : est-ce vraiment ce que je désire au plus profond de moi ?

Pour répondre à cette question, moi, Sofia, je propose de faire l'exercice suivant.

Que désirez-vous vraiment ?

Prenez trois grandes respirations en vous concentrant sur le mouvement de votre cage thoracique.

Prenez le temps de ressentir l'amour, la lumière et le respect dans votre cœur.

Demandez à vos guides et à vos anges de vous aider à faire une prise de contact avec votre volonté.

Visualisez une magnifique boule de cristal entre vos mains.

Cette boule de cristal est remplie d'amour, de lumière et d'un profond respect, si bien qu'il est difficile de regarder à l'intérieur.

Imaginez maintenant ce que vous aimeriez faire s'il n'y avait pas la moindre contrainte.

Visualisez cette image à l'intérieur de la boule de cristal.

- Si l'image vous apparaît clairement, c'est qu'il s'agit vraiment de ce que vous désirez faire.

  Prenez le temps de bien voir l'image à l'intérieur de la boule de cristal.

  Ressentez l'image de votre volonté au niveau de votre cœur. Prenez le temps de ressentir tout l'amour, la lumière et le respect qui entourent votre volonté.

  Ensuite, prenez conscience que c'est vous qui tenez la boule de cristal. Donc, il n'en tient qu'à vous pour que votre volonté se réalise. Dites-vous que votre volonté est complètement entourée de lumière et d'amour inconditionnel, et que votre désir est entre bonnes mains et en voie de réalisation.

  Remerciez-vous d'avoir commencé ce cycle de réussite, car cette image de volonté engendre le pouvoir de sa réalisation, et sa réalisation engendre la réussite. Et si jamais un doute surgissait, rappelez-vous l'image dans la boule de cristal remplie d'amour, de lumière et de respect mutuel.

  Remerciez-vous de vous offrir ce merveilleux moment d'amour. Remerciez vos guides et vos anges de leur aide et de leur soutien, et remerciez-vous d'accepter et d'apprécier à sa juste valeur votre volonté, car elle correspond à ce que vous êtes.

- Si l'image n'apparaît pas, demandez-vous si c'est vraiment ce que vous désirez.

  Demandez à votre conscience de vous aider à visualiser ce que vous désirez réellement faire.

  Dès qu'une nouvelle image apparaît et que vous la sentez vibrer au niveau de votre coeur, essayez de la voir à l'intérieur de la boule de cristal.

  Si vous y arrivez, c'est que vous avez enfin trouvé ce que vous désirez vraiment faire. Sinon, demandez à nouveau à votre conscience de vous aider à visualiser ce que vous désirez réellement faire, jusqu'à ce que vous arriviez à voir cette image dans la boule de cristal.

  Ne désespérez pas si vous ne trouvez pas tout de suite. Dites-vous que si c'était évident, vous n'auriez probablement pas eu besoin de faire cet exercice.

  Si, après quelques essais, vous n'arrivez pas à voir d'image dans la boule de cristal, poursuivez votre démarche les jours suivants. Mentionnez à votre âme que vous essaierez de nouveau le lendemain.

  Remerciez-vous de vous offrir ce merveilleux moment d'amour.

  Remerciez vos guides et vos anges de leur aide et de leur soutien, et remerciez-vous d'avance pour la réponse que vous obtiendrez. Une fois que vous l'aurez obtenue, vous l'accepterez et l'apprécierez à sa juste valeur, car elle correspond à ce que vous êtes.

Cet exercice est merveilleux et même un peu troublant. On entend souvent que tout est volonté de Dieu, et non de soi. On peut donc faire une demande, mais qu'elle soit exaucée dépendra de la volonté de Dieu.

C'est effectivement le cas. La volonté de Dieu n'est toutefois pas quelque chose qui appartient à une entité ayant ce nom, bien au contraire. Cette volonté appartient à chacun de vous. Elle surgit quand vous écoutez votre voix intérieure. La volonté de Dieu n'appartient donc pas à une entité externe mais à vous. Elle signifie être à l'écoute du divin qui est en vous, de cette voix qui ne vous ment jamais, qui est pleine de sagesse et que l'on nomme tout simplement votre âme.

Mais l'idée de la boule de cristal... Cela fait penser à une sorcière, aux risques de charlatanisme...

Voilà pourquoi nous choisissons cette image. Pour qu'elle choque et provoque les connaissances déjà acquises. Cette boule est l'image que vous possédez dans votre cœur, la source de votre divinité. La lumière, l'amour et la transparence du cristal démontrent à quel point votre cœur peut s'ouvrir et laisser jaillir de belles choses. Il suffit de le vouloir.

Les perceptions négatives liées à la boule de cristal sont la résultante de notions qui n'ont pas été bien comprises en raison du changement qu'elles occasionnent et, donc, de la peur qu'elles engendrent. Souvent, les perceptions négatives résultent d'une peur importante devant le potentiel immense que représente le pouvoir créateur de votre cœur.

Pouvez-vous me donner un exemple ?

Les images de Satan, avec des cornes sur la tête, des gens possédés du démon... Ces images ont surgi à la suite d'une incompréhension engendrant une peur immense. Il est plus facile de projeter des images négatives à l'extérieur de soi que d'affronter les raisons pour lesquelles elles nous font peur. On préfère donc tenir quelqu'un d'autre responsable plutôt que d'aller voir en soi la raison de cette peur qui est si grande. Et pourtant, tout ce qu'il faut, c'est la volonté d'aller voir à l'intérieur de soi pour que le processus de conscience puisse commencer.

Pourtant, Satan et les gens possédés du démon sont réels...

Vous avez l'impression que c'est réel en raison de la peur immense qu'ils suscitent en vous. Une personne possédée du démon ne fait en réalité qu'explorer l'aspect négatif et sombre de sa personnalité. Ainsi, elle est entourée de noirceur. Si elle voit de la lumière sur son chemin, elle pourra changer. Elle résistera au début, mais pourra changer si elle le désire. L'important, c'est de voir la possibilité d'un changement et de prendre conscience de la peur engendrée par la possibilité de ce changement.

Pourtant, le film « Exorciste » a été inspiré de cas vécus.

Des cas vécus mais très romancés, pour plaire aux téléspectateurs. Il existe des entités moins positives qui ont vécu des situations extrêmement difficiles et qui ont subi des blessures importantes, mais qui n'ont pas la volonté de guérir. Ainsi, elles répètent toujours les mêmes *patterns* pour tenter de s'en sortir. Mais la voie n'est pas là. La voie est dans la lumière que leur apporte leur cœur, et ce n'est que par elle que le changement peut s'opérer.

Par la suite, la volonté amènera la réalisation du changement. Il faut se dire que ces gens ont choisi cette voie pour avancer. Ce n'est pas la plus rapide, mais il y a tout de même une possibilité d'évolution, un peu comme dans le cas d'un athlète refusant de voir qu'il ne veut plus pratiquer un sport qui l'a tant fait grandir et évoluer.

Bref, Satan et les autres personnes possédées du démon, cela n'existe pas ?

Non, cela n'existe pas. Ce ne sont que des images mentales utilisées pour comprendre la différence entre certaines personnes. Dites-vous bien que c'est là une interprétation. Les religions ont leur bon côté, mais ne doivent pas remplacer votre conscience.

Ce dialogue s'effectue-t-il vraiment avec des anges associés à Dieu ?

Vous parlez à des anges de Dieu, ce Dieu qui est à l'intérieur de vous, ce Dieu qui vous amène à cheminer spirituellement. Il n'est pas indépendant de vous mais fait partie intégrante de vous. Nous sommes des êtres accompagnant les gens vivant une transition ou un changement.

Nous intervenons, simultanément ou à tour de rôle, pour vous démontrer les différentes forces présentes en chacun de vous. Cette conscience vous assure le développement de votre potentiel divin. Nous sommes considérés comme des entités à part entière. Pourtant, nous faisons partie de chacun de vous.

C'est le principe selon lequel chacune des parties forme le tout, qui est lui-même constitué de plusieurs parties. L'un ne va pas sans l'autre.

En effet. Nous sommes donc partie intégrante de votre volonté, de votre pouvoir et de votre réussite ; nous sommes des acteurs clés. Vous n'êtes donc pas seule dans votre quête, dans votre voyage intérieur. Sachez que vous pouvez nous demander de l'aide et qu'il nous fera un immense plaisir de vous aider.

Parfois, on ne sait même pas que l'on a besoin d'aide.

C'est le merveilleux de la chose. Nous mettons sur votre route différents signaux pour vous indiquer notre présence. Il arrive que vous ne les voyiez pas malgré leur évidence. Alors, nous intervenons par l'entremise de vos rêves ou de vos proches. Notre but est de nous assurer que vous soyez au courant de notre présence dans le cadre de votre cheminement actuel. Parfois, nous devons faire en sorte de placer sur votre route des événements moins heureux, afin que vous ouvriez votre cœur. Grâce à cette ouverture, vous pouvez prendre conscience de votre volonté et percevoir notre possibilité de vous aider à la réaliser.

Faites-vous en sorte de nous faire souffrir ?

En quelque sorte. Nous avons essayé d'entrer en contact avec vous par une multitude de moyens autres que la souffrance. Cela n'a pas été suffisant. Alors que reste-t-il ? Sachez toutefois que lorsque vous souffrez, nous souffrons aussi.

Mais pourquoi en venir à la souffrance ?

Nous ne savons pas pourquoi vous avez besoin de souffrir avant que l'on puisse vous aider. Cependant, nous savons que vous n'êtes pas toujours conscient de votre volonté. Il vous est donc difficile de savoir si vous avez besoin d'aide ou non.

Nous aimerions faire en sorte que vous soyez en contact direct avec vous-même le plus souvent possible, afin de toujours vivre la spirale de la volonté. Cette conscience vous assurera une présence vous permettant d'écouter les signaux placés sur votre route et menant à votre réussite. Vous serez surpris de voir la facilité avec laquelle celle-ci se tracera.

Donc, nous ne sommes pas seuls dans la recherche de notre volonté.

Non, nous vous accompagnons et vous guidons. Sachez qu'il nous fera plaisir de vous aider à votre demande.

Ce chapitre est-il complet ?

Croyez-vous qu'il l'est si vous écoutez votre cœur ?

J'ai un doute.

Allez voir derrière le doute.

Ce chapitre est différent par son traitement et par sa longueur.

Et alors ?

Va-t-on comprendre ?

Pourquoi êtes-vous si préoccupée par le fait de vous faire comprendre ? Prenez-vous le temps de vous comprendre ?

Parfois.

Pour assimiler de nouvelles notions, il est nécessaire de laisser libre cours à la magie du temps. Ce n'est pas la quantité d'information reçue qui engendre la compréhension, mais le temps d'arrêt avec soi-même. Alors, ne doutez pas de vous. Nous sommes avec vous.

Chapitre 3

La confiance en soi, envers les autres et envers la vie

Le 2 mars 2004

Est-il normal de vouloir constamment vérifier si on est sur la bonne voie ? De toujours se demander si on est correct ? De vouloir éviter de se tromper ?

Chère enfant, que de remises en question ! Vous en oubliez l'essentiel ! Prenez le temps de vivre ! Ressentir le doute en cours de route est normal, mais le laisser envahir votre esprit ne l'est pas. Laissez cette énergie sortir de vous afin de retrouver votre équilibre. Prenez une grande respiration et ressentez tout le bien-être qu'elle vous procure.

Merci. La paix et le réconfort s'installent...

Vous devez vous remercier de prendre le temps de vivre, d'être à l'écoute de vous-même, de vibrer d'amour et de lumière.

Comme j'ai douté de moi et de mon potentiel malgré cette petite voix intérieure me disant de me faire confiance ! Et de votre côté, vous m'avez, à maintes reprises, envoyé des signes afin que je poursuive l'écriture de ce livre. Maintenant, je me sens bien et à l'aise avec moi-même. J'ai enfin trouvé ma voie. Et vous savez comment ? Par l'exercice de la boule de cristal. Merci, chers anges et chers guides, pour cet état de bien-être, de sérénité, de grâce et d'accueil de moi-même. J'ai tant cherché cette voie pour finalement réaliser que la réponse était à l'intérieur de moi !

Bravo, chère enfant! Nous vous félicitons et nous vous accompagnons dans ce cheminement, dans cette quête de vous-même. Votre démarche permettra à d'autres gens de trouver la force de poursuivre leur quête.

Ainsi, nous continuons le voyage.

En effet. Il importe, chère enfant, de vous rendre compte du cheminement que vous avez fait à l'intérieur de vous. Vous avez décidé d'emprunter une route non fréquentée. Il y a donc eu énormément de peurs, d'appréhensions, de craintes, mais vous avez réussi à poursuivre votre chemin. Prenez le temps de reconnaître et d'apprécier votre cheminement. Il n'est pas gratuit. Il a nécessité beaucoup de volonté, de ténacité et de courage. Les éléments déclencheurs de ce processus sont l'amour de soi, le respect de soi et la confiance en soi.

Vos paroles sont réconfortantes, surtout celles sur la confiance en soi.

Comment auriez-vous fait ce cheminement sans elle?

C'est vrai...

Sans la confiance en soi, il est impossible d'avancer et de réussir. La confiance en soi est la base de votre vie intérieure et de la conscience de ce que vous êtes et de ce que vous devenez. Elle est la source de votre pouvoir intérieur et elle vous permet de prendre contact avec votre volonté.

À ces paroles, je ressens une telle fatigue que je préférerais cesser ce dialogue...

C'est normal. Vous percevez une nouvelle connaissance, dont la source se trouve dans votre subconscient.

Pouvez-vous être plus explicite ?

Avez-vous déjà vraiment eu confiance en vous ?

Sûrement, mais il est difficile de me rappeler un moment précis.

Voilà pourquoi vous prenez le temps d'assimiler et de réfléchir.

Quelle est la source de ce manque de confiance en moi ?

Est-ce vraiment cela ? N'est-ce pas plutôt un doute sur vos capacités, dont l'origine serait le perfectionnisme poussé à l'extrême ? Vous désirez tant que tout soit parfait, sans bévue…

C'est une manière d'avoir la paix. En étant parfait, on se protège des autres, car on a peur de leur réaction.

Que faites-vous avec cette peur ?

Elle sert de moteur pour parer à toute éventualité. Alors, le cerveau travaille fort pour penser à tout, pour tout prévoir afin qu'il n'arrive rien de fâcheux. Imaginez comment on se sent quand des événements non désirés se produisent quand même ! On a beau tout faire pour plaire à quelqu'un, cette personne continue pourtant à nous blesser, à nous rabaisser, à faire des crises de jalousie... Dans ce cas, même l'indifférence n'est d'aucun secours. Plus on essaie de se protéger, plus sa manière de nous atteindre augmente en intensité. On a alors un sentiment d'échec, puisque les tentatives de se protéger sont vaines.

Beaucoup d'informations intéressantes ont été données... Tout d'abord, remerciez-vous pour cette honnêteté envers vous-même, pour ces sentiments livrés si facilement. Prenez une grande respiration et laissez l'énergie d'amour vous envahir.

Bien... À présent, prenons le temps de mettre en lumière chacun des éléments vécus afin de les amener à votre conscience et d'engendrer le pardon nécessaire à une nouvelle attitude de confiance en soi. Commençons par l'attitude perfectionniste. Croyez-vous qu'elle vous a aidée à avancer, à évoluer?

Non, mais elle m'a donné l'impression de me protéger.

Ne serait-ce pas cette attitude qui a mis les gens en colère contre vous? Quand on est trop parfait, on dérange...

C'est une éventualité, mais on est ce que l'on est!

Étiez-vous vraiment vous-même?

Non, je jouais un rôle dans le but de me protéger.

Pendant un certain temps, cette attitude vous a rendu service mais, par la suite, elle vous a nui. En voulant être parfaite à tout prix, vous n'avez plus été vous-même, vous vous êtes éloignée de vous. Vous n'aviez pas désiré ce qui se passait, mais vous vous êtes crue responsable des événements même s'il n'en était rien. Les personnes impliquées ont été pour vous de grands maîtres; elles vous ont forcée à vous demander si vous désiriez être vous-même.

Lors d'épreuves, vous avez choisi de jouer un rôle afin de vous protéger. Vous avez si bien réussi que vous vous êtes protégée de vous-même. Chaque fois que vous vous fuyiez, la vie vous ramenait encore plus fortement à vous-même. Et, chaque fois, vous avez décidé d'aller dans une autre direction plutôt que d'aller vers vous.

Nous ne vous blâmons pas. Nous vous comprenons. Nous voulons seulement amener à votre conscience cet état de fait: vous êtes venue sur terre avec l'objectif d'être vous-même et de montrer aux gens comment être eux-mêmes. Compte tenu que c'était votre volonté la plus profonde, la vie s'est chargée de vous faire vivre les expériences nécessaires à un tel apprentissage. N'est-ce pas merveilleux?

Cela permet d'avoir une réponse au calvaire que des gens vivent depuis leur naissance. Votre franchise est surprenante. Croyez-vous que ces gens puissent croire que la vie est belle, merveilleuse et remplie d'amour?

Oui, grâce à la conscience de leur comportement. Sinon, ils vivent cette expérience comme s'ils devaient gagner leur ciel, que tout était compliqué et que rien n'était simple. Il est certain que rien n'est simple lorsqu'on n'est pas soi-même et qu'on se refuse à l'être. Les rôles qu'on joue dans certaines situations deviennent très lourds à porter. Pour reprendre votre expression, on vit un calvaire!

Vos paroles permettent de réaliser pourquoi il est parfois si difficile d'établir de façon durable une énergie positive à l'intérieur de soi. Elles me font comprendre mes états d'âme et, surtout, cette immense fatigue qui m'envahit de manière sporadique.

Se forcer à être quelqu'un d'autre est difficile. Moi, Sofia, je crois que vous devez vous assurer de remercier ces grands maîtres qui vous ont fait évoluer. Sans eux, vous n'auriez pas entrepris cette démarche d'écriture et vous auriez probablement trouvé votre voie beaucoup plus tard. Ces expériences vécues avec eux, au travail ou dans votre vie amoureuse, ont fait en sorte qu'à présent vous êtes vous, ici et maintenant.

Rappelez-vous que vous avez côtoyé des aspects de vous que vous refusiez de voir. Non seulement vous les avez acceptés, mais vous avez pris la décision de les laisser vibrer. Ce fut tellement présent que votre entourage vous l'a mentionné. N'est-ce pas merveilleux d'être en contact avec soi et de s'apprécier à sa juste valeur ?

Vous dites que je m'apprécie à ma juste valeur ?

Oui.

Alors, je ne comprends pas pourquoi je manque de confiance en moi... C'est bien de cela que nous parlions au départ.

Et si cerner les origines de votre manque de confiance en vous vous permettait de faire la paix avec ce qui s'est passé, tout simplement ?

Ce serait aussi simple que ça ? On prend conscience de l'impact de certains événements, et le tour est joué ?

En effet, c'est aussi simple que ça. Qui a dit que cheminer était difficile ? C'est plutôt la résistance au cheminement qui est difficile à supporter.

Mais revenons au principe de la confiance en soi. Pourquoi notre conversation fait-elle en sorte que je retrouve la confiance en moi ?

Chère enfant, le fait de réaliser d'où vient votre manque de confiance en vous vous permet de constater qu'il n'est plus nécessaire de ne pas avoir confiance en vous. Cette manière d'être appartient au passé, et le passé est dépassé par le présent. Il arrive que nous cheminions sans nous en rendre compte. Alors, nous continuons à reproduire certains comportements uniquement par habitude. Notre but est de faire en sorte que ces comportements soient portés à votre conscience. Voilà la clé pour amorcer le changement. Celui-ci n'est possible que s'il y a conscience de l'élément à modifier.

Maintenant que vous savez pourquoi vous n'aviez pas confiance en vous, vous pouvez avoir confiance en vous !

D'où provenait ce manque de confiance en moi ?

Le fait que vous jouiez un rôle pour vous protéger faisait en sorte que vous n'étiez pas vous-même. Comment alors auriez-vous pu déterminer ce qui était bon pour vous ? Puisque vous n'étiez pas dans vos souliers, comment auriez-vous pu faire des choix judicieux ? Il vous était sûrement très difficile de faire des choix, car vous ne vouliez pas déplaire aux autres et que vous ne saviez jamais pour qui vous les faisiez. Était-ce pour vous ou pour les autres ? Le fait de constamment questionner ses choix entraîne une constante instabilité, qui engendre le doute et un manque de confiance en soi. Alors que si vous conservez le contact avec vous-même, il vous sera facile de déterminer ce qui vous convient et ce qui ne vous convient pas. Et cela sans regret, sans amertume, sans « j'aurais dû faire ceci ou cela ».

Il est vrai qu'il est parfois difficile de choisir. Enfin, il y a une explication à ces grandes périodes d'indécision...

Voyez-vous comme il est bon de prendre conscience de ses comportements pour grandir et évoluer ? Moi, Sofia, je vous dis de bien comprendre vos comportements et non de les analyser, car l'analyse paralyse. Maintenant que vous connaissez la source de la confiance en soi, c'est-à-dire être soi-même, il vous sera facile de faire des choix. Le plus merveilleux, c'est qu'à compter d'aujourd'hui ils seront judicieux pour vous. Les gens qui vous entourent seront heureux pour vous, heureux que vous soyez enfin vraie et que vous vous aimiez à votre juste valeur. Merveilleux sera le cercle d'énergie positive créé autour de vous !

Et, nécessairement, la confiance en vous s'établira. Au début, vous aurez probablement l'impression que cette nouvelle connaissance vous est étrangère mais, petit à petit, vous réaliserez qu'elle est partie intégrante de vous et qu'elle a maintenant toute la place qui lui revient.

Avoir confiance en soi, ce n'est surtout pas pécher par orgueil. C'est simplement se voir tel que l'on est, ni plus ni moins. Beaucoup de gens croient que les manifestations de la confiance en soi sont de l'orgueil ou de la suffisance, voire de l'arrogance. Quand la confiance prend sa source chez la personne elle-même et non chez les autres, nous pouvons parler de confiance en soi. Si elle se manifeste pour épater les gens ou pour se valoriser, c'est de la suffisance ou de l'arrogance. Tout dépend à quelle fin elle est utilisée.

Il faut dire que la confiance en soi est une très belle et très forte énergie créatrice. Elle peut engendrer la peur chez quelqu'un qui ne la côtoie pas de manière régulière. Sa couleur est jaune, sa pierre est la citrine et son astre est le soleil. Sa source est à l'intérieur de chaque personne et elle se manifeste comme le soleil: moins il y a de nuages devant lui, plus il brille et plus il réchauffe la nature et assure sa croissance.

D'où l'importance de cette prise de conscience sur l'origine de votre manque de confiance en vous. Vous devez laisser partir ce nuage en lui mentionnant qu'il ne vous appartient plus, qu'il n'a plus besoin de vous faire de l'ombre car vous avez compris ses enseignements. Vous avez su retirer le maximum de son potentiel et, maintenant, vous êtes prêt à passer à autre chose. Ensuite, remerciez-vous, remerciez vos anges et vos guides pour ce merveilleux cheminement.

Le 9 mars 2004

Êtes-vous toujours avec nous?

Doutez-vous de notre présence à vos côtés?

Parfois, oui, puisqu'il arrive que votre réponse tarde à venir.

Le doute est à l'opposé de la confiance en soi. Tant qu'il est présent en vous, vous ne pouvez pas entendre nos voix. Pourtant, nous sommes là. Le doute est une attitude à modifier puisque, derrière lui, se cache la peur. Si vous travaillez sur votre peur et sur sa cause, l'émotion ou la connaissance s'offrira à votre conscience et, ainsi, vous retrouverez confiance en vous.

Mes prises de conscience se poursuivent même après nos conversations. Mon cheminement se fait constamment, même les jours de lâcher-prise. Votre présence est tellement rassurante! Elle permet de comprendre ce que nous vivons et vers quoi nous nous dirigeons. Merci d'être là!

Nous sommes heureux de vous accompagner dans ce cheminement que vous effectuez avec vous-même. Sachez que nous ne faisons que vous guider et que le libre arbitre vous appartient. C'est vous et uniquement vous qui faites ce cheminement. Prenez le temps de vous remercier et de vous apprécier à votre juste valeur.

D'accord. Pour en revenir au doute, vous disiez qu'il est à l'opposé de la confiance en soi et qu'il importe de modifier cette attitude. Pourriez-vous me donner un outil ou un exercice à faire pour transformer le doute en confiance en soi?

Voici.

Transformer le doute
en une énergie de confiance

Lorsque vous êtes inquiet au sujet d'un choix ou d'une situation, prenez le temps de vous arrêter un instant pour vérifier la source de votre insécurité.

Assoyez-vous confortablement dans un endroit où vous pourrez écrire facilement, munie d'une feuille de papier et d'un crayon.

Prenez trois grandes respirations en vous assurant que vous emplissez d'air votre abdomen à chaque inspiration et que vous en expulsez l'air à chaque expiration.

Ressentez le bien-être dans votre corps.

Visualisez l'énergie prenant sa source au niveau de votre abdomen (le chakra du hara) et envahissant toutes les cellules de votre corps.

Demandez que cette énergie vous accompagne dans l'exploration du doute ou de l'insécurité qui vous envahit.

Si des images vous viennent à l'esprit, acceptez-les sans porter de jugement.

Accueillez ces images, puisqu'elles amènent à votre conscience les raisons de ce doute ou de cette insécurité.

Bénissez chacune des images qui arrive à votre conscience.

Remerciez-les d'être là pour vous aider à avancer, à cheminer.

Pour chaque image, demandez à connaître son enseignement. Acceptez totalement ce qu'elle a à vous dire ; indiquez que vous êtes prête à suivre le cheminement qu'elle vous montrera.

Une fois l'enseignement de l'image dévoilé, inscrivez sur la feuille l'image et son enseignement. Faites de même pour chacune des images.

Une fois toutes les images dévoilées à votre conscience, remerciez-vous, remerciez vos guides et vos anges de vous avoir aidée à accomplir ce merveilleux travail d'amour sur vous-même.

Pendant trois jours, conservez cette feuille de papier, soit les images et leurs enseignements, afin de vous remémorer cet exercice si le même doute ou la même insécurité vous envahissait.

Au bout de trois jours, brûlez la feuille de papier tout en vous remerciant pour cet apprentissage qui fait maintenant partie intégrante de vous-même.

Cet exercice permet de prendre conscience que ce n'est pas le doute de ne pas réussir qui est présent, mais celui de ne pas être performant. Le doute porte donc sur la performance et non sur la réussite, ce qui est assez paradoxal !

Paradoxal, non. Normal, oui. Toute votre vie, vous avez cherché à être performante ; c'est ce que vous avez appris à faire. Être performante pour réussir, pour être aimée, pour vous apprécier, pour être quelqu'un... Nous sommes intéressés par le fait que c'est la peur de ne pas être performante qui vous envahit et non la réussite elle-même. Savez-vous pourquoi ?

Il y a lieu de se le demander.

A-t-on manifesté de l'appréciation envers vous en fonction du résultat ou de la manière dont vous vous êtes prise pour y arriver?

On a davantage accordé d'importance aux moyens plutôt qu'aux résultats en soi. Maintenant, je comprends pourquoi cette manière d'être était toujours présente. Les performances ont été évaluées en fonction des étapes effectuées pour parvenir au résultat demandé. Il est certain que l'on peut toujours trouver quelque chose à améliorer; il n'y a rien de parfait dans le temps. Cela me libère. Je vais abandonner cette manière d'être qui ne me convient plus. Enfin, le tourbillon de la performance s'arrête. C'est rassurant!

Vraiment?

Oui.

Alors pourquoi la réponse vous est-elle venue aussi rapidement?

Je n'en ai aucune idée.

Avez-vous essayé d'être performante en faisant cet exercice?

Non.

Vous avez simplement été vous-même, dans toute votre beauté et toute votre simplicité. Vous vous êtes écoutée, vous vous êtes laissé guider par ce que vous ressentiez et par les images qui venaient en vous. Le résultat a été très probant et très rapide. N'est-ce pas de la performance?

Effectivement, la performance consiste à réaliser quelque chose rapidement, en utilisant le moins de ressources possible.

Et c'est effectivement ce qui s'est passé. En faisant cet exercice, vous avez utilisé vos ressources à l'intérieur d'une période de temps limitée, pour en arriver à comprendre une manière d'être. Cette manière d'être, vous en aviez pourtant cherché la cause pendant de nombreuses années. Elle avait assombri quelque peu votre bonheur quotidien en vous empêchant de vous apprécier à votre juste valeur et de voir toutes les forces qui vous habitent.

D'où le sentiment de culpabilité et le fait que je m'attribuais des problèmes qui ne m'appartenaient pas. Si un événement ne se passait pas comme prévu, je me remettais en cause. Je me disais que j'avais sûrement fait quelque chose d'incorrect pour que cela donne un tel résultat. Avec une telle attitude, on se fait réellement mal. De plus, c'est très lourd de conséquences.

Il faut savoir prendre ce qui nous appartient et ce qui est de notre ressort et laisser aux autres leur propre apprentissage. C'est une règle de base importante de la confiance en soi. Quand nous nous libérons des événements dont nous ne sommes pas à l'origine, il nous est plus facile d'isoler les comportements ou les événements qui sont de notre ressort et sur lesquels nous pouvons agir.

Ainsi, nos actions sont portées en fonction de ce qui importe et les résultats sont probants ; ils sont une source importante de confiance en soi. Il est impossible d'agir sur un événement ne nous appartenant pas. Il faut accepter, dans un processus de retour vers soi, que nous avons le contrôle sur la manière dont nous décidons de vivre les événements et non sur les événements eux-mêmes.

Et le libre arbitre dans tout ça ? Ne sommes-nous pas les maîtres de notre destinée, de notre vie ?

Oui, vous êtes le grand maître de votre vie ! Cela revient toujours à la même chose : qu'est-ce qui importe, le résultat ou la manière d'y parvenir ? Vous choisissez ce que vous désirez réaliser dans votre vie. Vous choisissez d'évoluer, vous choisissez les résultats que vous désirez atteindre. Mais la manière et les moyens que vous choisirez pour y parvenir importent peu par rapport à la finalité que vous désirez atteindre. Vous avez le contrôle, le libre arbitre sur ce que vous choisissez comme résultats, mais vous n'avez pas le contrôle sur les événements pour y parvenir. C'est là que nous entrons en jeu. À la suite de votre demande, nous mettons sur votre route des événements et des situations qui vous permettront de la réaliser, de parvenir au résultat escompté.

De votre côté, vous choisirez de vivre tel événement à votre façon, ou de ne pas le vivre. C'est cela, le libre arbitre. Vous avez le contrôle sur vos choix et sur la manière de les vivre. Mais vous ne pouvez pas contrôler tous les éléments pour parvenir à votre choix.

C'est triste d'apprendre que l'on ne peut pas tout contrôler par une pensée positive et faire en sorte que de belles choses nous arrivent.

Nous disons la même chose.

Ah oui ?

Vous pouvez contrôler tout ce qui vous concerne, mais pas ce qui ne vous concerne pas. Laissez ce plaisir aux autres. Laissez-les faire leurs propres découvertes. Et tout ce temps que vous n'utiliserez plus à tenter de les contrôler, utilisez-le pour vous. Pour vous faire plaisir, pour vivre plein de belles choses.

C'est ce qu'on appelle le lâcher-prise ?

Lâcher prise veut dire laisser aller ce qui ne nous concerne pas et prendre ce qui nous concerne. C'est cela, mordre dans la vie à pleines dents : se réaliser en étant conscient de ce qui nous appartient, de ce qui est de notre ressort, de ce que l'on peut changer et faire évoluer. Le reste n'est pas de notre ressort. Que de nouvelles libertés s'offrent maintenant à vous ! C'est une belle aventure intérieure, n'est-ce pas ?

Effectivement ! Donc, on acquiert la confiance en soi lorsqu'on accepte qu'on peut uniquement contrôler ce qui nous concerne et qu'on doit laisser aux autres leur propre apprentissage. Ainsi, on évite l'amère déception qu'on éprouve lorsqu'on ne peut rien faire, rien changer.

De plus, il importe de garder en tête le résultat plutôt que de chercher la meilleure manière d'y parvenir. Il est alors beaucoup plus facile d'être en contact avec soi et de savoir ce qui est bon pour nous, ce qui nous convient et ce qui nous appartient tout au long de notre route.

Nous devons accepter que la performance ne se mesure pas uniquement en termes de temps et de moyens, mais aussi par la prise de contact avec soi, par la réalisation de soi. J'aimerais revenir sur la manière d'isoler une attitude ou une pensée engendrant un manque de confiance en soi.

Il suffit de reprendre l'exercice sur la transformation du doute en une énergie positive de confiance et de le faire autant de fois que nécessaire pour que, d'emblée, le tout se fasse de manière instinctive : se poser la question engendre alors presque instantanément la conscience des enseignements présents derrière les images. Il vous suffira de prendre trois grandes respirations, de vous poser la question sur la source du doute, et les images viendront, avec la conscience de ce qu'il y a derrière. C'est donc une nouvelle manière de vivre le doute ou, plutôt, une façon positive d'aborder la confiance en soi. Celle-ci n'est pas un état que l'on possède ou que l'on ne possède pas, mais bien une manière d'être qui peut se travailler continuellement de façon à vous apporter un mieux-être.

Il est intéressant de la considérer comme une manière d'être plutôt que comme un état. La manière d'être est sujette à une constante évolution. Ainsi, on ne se demande pas si on a confiance en soi mais plutôt si on laisse la confiance prendre place dans notre être.

Effectivement, c'est une manière beaucoup plus simple de voir comment la confiance en soi peut s'établir et qu'elle ne dépend que de votre volonté. Il importe, pendant ce cheminement, de toujours accepter ce qui vous appartient et de vous défaire, avec amour et paix, de ce qui ne vous appartient pas. Croyez-vous que c'est réalisable et approprié pour vous?

Oui, ce l'est! Cependant, il faut rester vigilant pour s'assurer que l'on se concentre davantage sur les résultats que sur les moyens.

Le simple fait d'accepter que cette manière d'être ne vous convient plus est déjà un grand pas en avant. Vous devez être fière de vous et vous remercier. Ce n'est pas le fait d'accepter qui est parfois difficile, mais bien la peur du changement. Pourtant, comme le dit si bien la pensée bouddhiste, il n'y a rien de constant si ce n'est le changement.

La peur du changement n'est pas présente. D'ailleurs, cela bouge énormément.

Vous parlez de bouger mais pas de changer. Le fait de bouger évite souvent de changer. Bouger empêche le temps d'arrêt nécessaire au changement qui serait bon pour vous. Donc, il vous arrive de résister au changement à cause de la peur ou encore à cause du doute. Est-ce le changement ou la manière d'y parvenir qui vous fait peur?

Le changement en soi, mais aussi les efforts qu'il faut y mettre. Parfois, le changement donne l'impression de recommencer sans cesse. Est-ce que cela peut être facile ?

Vous voyez, c'est encore la manière de parvenir au résultat qui vous importe plutôt que le résultat en soi. Justement, si vous prenez le temps d'être à l'écoute de vous-même et que vous acceptez ce que vous êtes, ce qui vous appartient, le tout pourra se faire beaucoup plus rapidement. D'après vous, pourquoi avez-vous l'impression de recommencer sans cesse ?

(?)

Chaque fois que vous vous êtes éloignée de vous, la vie s'est chargée de vous ramener à ce qui vous convenait, à ce que vous êtes. N'oubliez pas que vous avez essayé d'être parfaite et à l'image de ce que les autres attendaient de vous. Croyez-vous que cette énergie peut maintenant être enfin redirigée vers vous même si vous avez l'impression de recommencer sans cesse ? Nous vous disons que vous avez maintenant l'expérience nécessaire pour partir à la recherche de vous-même, de ce que vous êtes. Vous avez choisi d'explorer ce que vous n'étiez pas afin de mieux définir ce que vous êtes.

Il est sûr que le processus peut sembler long, mais il est si enrichissant ! Cet éventail de découvertes vous permettra d'aider des gens et de les écouter sans les juger, car vous avez exploré de nombreuses possibilités et écarté celles ne vous convenant pas. Maintenant, vous êtes sur la voie de ce qui vous convient. Vous n'aurez donc plus l'impression de recommencer sans cesse. Vous êtes vous, tout simplement, chaque jour de votre vie. Enfin, vous êtes vous, ce que vous désiriez à tout prix ! Selon nous, c'était d'ailleurs votre objectif de vie sur cette terre : trouver la personne que vous êtes. Maintenant, il est temps de vous faire confiance. Vous avez longtemps fait confiance aux autres, croyant qu'ils détenaient votre vérité. Croyez maintenant en vous, en votre force et en votre courage. Vous détenez votre propre vérité, votre propre cheminement, votre propre voix. Disons que vous avez exploré la partie du globe ne vous convenant pas et qu'il vous reste à explorer celle qui vous convient.

Maintenant, tout sera plus facile, car vous explorerez tous les chemins d'une région qui vous ressemble. Ensuite, vous la quitterez avec plein de bons souvenirs, plein d'expériences pour aller à la découverte d'une autre région aussi merveilleuse, aussi fabuleuse.

La peur de ne pas être à la hauteur de son chemin peut être très présente en cours de route, et ce, malgré le fait que vous êtes avec nous et que vous posez sur nous votre regard si lumineux, rempli d'amour. Comment relever ce défi ?

Nous vous demandons d'être, tout simplement, et non d'agir. Alors, faites-nous confiance et nous vous guiderons sur votre route remplie de soleil, de joie et de bonheurs multiples. Acceptez de partir à la découverte de votre monde intérieur. Le voyage sera merveilleux, rempli de surprises, de plaines inexplorées, d'océans aux mille et un trésors! Nous sommes votre équipage, nous sommes vos guides et vos anges et nous vous assurons que vous arriverez à bon port. Il ne vous reste qu'à vous laisser porter en étant consciente de ce que vous êtes. Le reste se fera dans la simplicité. Il suffit de vous faire confiance. Maintenant, vous savez comment !

10 mars 2003

Avec le recul, il est impressionnant de constater à quel point on cherche, dans toutes les facettes de notre vie, à contrôler toutes les façons de parvenir au résultat désiré en oubliant le résultat lui-même. Il est frustrant de voir qu'on applique aussi cela à la réalisation des choses qui nous tiennent le plus à cœur.

Même en ressassant tout cela un million de fois, c'est toujours le même constat : on n'arrive pas à tout contrôler malgré notre grande volonté. Alors, il n'y a qu'une chose à faire : accepter de ne pas contrôler la manière dont les événements vont se réaliser.

Il est important d'accepter l'aide des gens autour de soi, y compris vous, chers guides et anges gardiens ! Ces gens sont là pour nous aider et nous ne devons en aucun temps empêcher cela de se réaliser, car nous irions alors à l'encontre de notre volonté et de la leur. Ainsi, on réalise que s'occuper de ce qui nous touche vaut aussi lorsque les gens désirent nous aider. Cela leur appartient, c'est leur droit, leur privilège.

Le principe de la roue de la prospérité prévaut même dans les projets importants pour soi. Il est très surprenant et très libérateur de constater que ce principe peut être valable de manière durable.

Chère enfant, dès que vous établissez des éléments dans l'énergie, vous devez accepter que cela vous revienne afin que vous puissiez vérifier si le tout vous convient. Vous pouvez ainsi ajuster votre tir, établir de nouveaux éléments sur le plan énergétique, et ainsi de suite. Mais dès que vous refusez de recevoir, le cycle entraînant la possibilité de changement s'arrête. N'est-elle pas merveilleuse cette possibilité de constamment évoluer, d'apporter les changements nécessaires à votre évolution ?

La source de ce changement réside dans la confiance en soi et dans une confiance beaucoup plus globale, dans l'Univers. Cette confiance universelle se manifeste lorsque vous croyez au bien-fondé de vos actions et de vos requêtes en raison des changements positifs et évolutifs que vous voulez apporter dans votre vie et dans celle des autres.

Vous croyez que toutes ces demandes vont être exaucées en raison du fait qu'elles sont en accord total avec ce que vous êtes et ce que vous devenez. Vous avez visualisé le résultat désiré et vous laissez donc la vie, c'est-à-dire nous, vos guides et vos anges gardiens, vous mener vers le droit chemin, le chemin qui vous convient uniquement à vous.

Vous savez que, peu importe ce qui arrivera, tout sera pour le mieux. Vous ne vous préoccupez pas de la manière dont cela se passera. Vous serez simplement vous-même durant toute la période où cet objectif se réalisera, vous rappelant constamment ce que vous désirez et pourquoi vous le désirez. Durant cette même période de réalisation, vous en profiterez pour vous amuser ; appelez de vieux copains et les membres de votre famille pour leur rappeler à quel point vous les aimez et comme vous êtes heureuse que la vie ait fait en sorte que vous les ayez rencontrés. Prenez beaucoup de repos afin d'être fin prête à vivre ce qui se prépare. Prenez soin de vous, occupez-vous de vous.

Voilà la raison des nombreux temps libres.

Ces temps libres sont nécessaires à votre survie. Ils vous assurent de vivre sereinement et facilement les changements qui se produisent en vous et autour de vous. Il importe de se rappeler que, dans la vie, rien n'arrive pour rien ; tout a sa raison d'être. Vous aussi, d'ailleurs. Dites-vous que plus le changement est important intérieurement, plus la période de « repos » sera longue.

Nous avons une préférence pour l'expression « période d'incubation » plutôt que « repos ». Ce qui ne paraît pas à vos yeux peut pourtant exister et se réaliser. Il faut croire qu'un processus de réalisation se met en place dès que vous faites une demande. Ce n'est pas parce que vous ne voyez pas concrètement sa réalisation qu'elle ne se réalise pas. Il vous suffit d'y croire. Si votre demande est en accord total avec ce que vous êtes et devenez, elle se réalisera nécessairement. C'est ce que nous appelons la confiance universelle.

Les énergies positives et votre écoute feront en sorte que vos demandes se réaliseront. Vous devez donc lâcher prise sur un autre plan, celui de la réalisation des étapes qui constituent votre vie. Ce lâcher-prise vous apportera une grande paix intérieure, une sérénité et une évolution spirituelle que vous cherchiez depuis toujours. Imaginez le temps que vous aurez pour vivre enfin comme vous l'entendez. Enfin, vous allez réaliser toutes ces choses que vous désiriez depuis si longtemps !

N'est-ce pas là un manque de réalisme ?

Oui, il est vrai que le manque de réalisme peut nous faire croire que l'on peut tout contrôler.

En vous demandant de nous laisser agir en fonction de vos demandes, qui sont en accord avec votre être, nous vous demandons simplement de reprendre la place qu'est la vôtre et de nous laisser la nôtre. Ainsi, nous serons en mesure d'agir rapidement et dans votre meilleur intérêt. Nous comprenons votre inquiétude profonde en ce qui a trait à votre subsistance, mais elle n'a plus sa raison d'être aujourd'hui.

Maintenant, nous vous demandons de vous soucier de votre être et de passer à une préoccupation de subsistance sur le plan physique à une préoccupation de subsistance sur les plans psychologique, spirituel et émotionnel. Vous en êtes à ce niveau d'évolution. Profitez-en !

C'est un discours si différent de ce qu'on entend habituellement ! Il est difficile d'y adhérer...

Nous comprenons vos doutes. Nous vous invitons à faire l'exercice de transformation des doutes en une énergie de confiance, à la page 80.

D'accord.

(Pause)

La réalisation de l'exercice a pris une tournure inattendue : une visualisation de guérison avec vous, pour une cliente. Êtes-vous des guides ou des anges ?

Les deux. Tout dépend du contexte. Notre but est de vous aider et de vous apporter l'aide nécessaire au fur et à mesure de votre évolution. Désirez-vous décrire la visualisation ?

Oui. Cette cliente avait une partie du corps qui avait besoin d'être énergisée. Ensemble, nous avons visualisé qu'une énergie pure et blanche, de guérison, entrait dans cette partie de son corps. Nous avons alors vu chacune des cellules de cette région se ressouder, se reprogrammer pour fonctionner adéquatement. Elles ont subi un traumatisme, et la visualisation de guérison a entraîné une décristallisation de ce traumatisme. Il en a résulté une ouverture importante sur le plan de l'énergie. Cette ouverture lui sera extrêmement utile dans son cheminement.

Par la suite, la visualisation de guérison qui s'était opérée chez cette cliente s'est effectuée sur moi. Des images relatives à une visite chez un médecin, qui avait manqué de délicatesse à mon égard, ont envahi mon esprit. Voilà la cause de ma peur si forte des couteaux, des scalpels et des aiguilles ! Ce médecin a abusé de ma confiance et elle m'a trahie. Pourquoi y a-t-il eu aussi une guérison chez moi ?

Le principe de l'abondance apporte la roue de la prospérité. Ce que vous donnez avec amour et compassion vous sera retourné de la même façon. Cette expérience est venue vous montrer l'importance de donner et de recevoir. C'est par l'entremise de l'aide offerte à cette cliente que cela vous est arrivé. Vous n'avez pas cherché à contrôler la manière d'aider cette personne. Vous avez simplement demandé de l'aider, et nous vous avons aidée à réaliser cette demande. D'ailleurs, il s'est passé quelque chose avant que cette visualisation arrive.

Oui, en effet! Vous m'avez demandé d'enlever mon masque pour que vous puissiez enlever les vôtres. Cela m'a fait peur. Pourquoi cette demande?

C'est une manière très visuelle et très efficace de vous amener à être réellement vous-même. Cette authenticité était nécessaire pour réaliser cet exercice. Rassurez-vous, nous sommes les mêmes êtres de lumière depuis le tout début et nous resterons avec vous tout au long de votre cheminement.

L'idée du masque vous aide à être vous-même tout en vous permettant d'accepter ce que nous sommes. Maintenant que votre masque est enlevé, nous allons enlever le nôtre.

Qui êtes-vous?

Nous sommes des êtres ayant vécu beaucoup de souffrances sur différents plans. Nous avons choisi d'aider les êtres humains en leur faisant part de l'apprentissage résultant de nos souffrances communes.

J'ai peur de voir vos visages...

Rassurez-vous. Nous sommes conscients de votre peur depuis longtemps. Nous devons la respecter car nous connaissons la conséquence de son manque de respect pour vous. Nous savons que la canalisation des messages s'arrêterait et que l'enseignement cesserait d'être divulgué.

S'agit-il d'hallucinations?

Croyez-vous vraiment que cela puisse être le cas? Écoutez ce que votre cœur vous dit et vous verrez.

D'accord. Des noms surgissent: Barthélemy, Sofia, Alexandre, Pierre, Mathieu, Madeleine, Sylvie. Tout autour, il y a plein de visages. Vous êtes des âmes ayant vécu des cheminements semblables au mien. C'est très lumineux et très beau!

Nous sommes là pour vous guider dans votre cheminement. Il y a des guides et des anges gardiens de manière quotidienne et il y a la famille d'âmes qui vous est propre. Ce sont les entités que vous avez ressenties derrière et tout autour de vous. Imaginez ce que nous pouvons faire pour vous! Donc, laissez-nous travailler et faites votre propre travail...

Dois-je arrêter les consultations individuelles?

Nous ne parlons pas de cela. Ce que vous mentionnez est un doute. Vous ressentez le bien qu'apportent aux gens les consultations; alors, ne doutez pas de vous. Vous poursuivez votre travail de messagère d'amour et de paix. Nous vous demandons simplement d'être ce que vous êtes et de visualiser ce que vous désirez. Nous vous aiderons à vous réaliser en accord total avec ce que vous êtes et ce que vous devenez. Peu importe notre visage, l'important est que vous ne doutiez pas de notre présence et que vous gardiez votre foi en nous.

Bref, vous demandez d'avoir une confiance totale et universelle envers soi-même, envers vous et envers la vie.

Que pourrait-on ajouter à cela?

Il est agréable de connaître enfin les noms des guides et des anges de lumière qui nous accompagnent tout au long de ce livre. J'en avais fait la demande.

Vous voyez, il suffit de demander et le tour est joué !

Sofia est votre guide pour écouter la sagesse de votre cœur.

Barthélemy est présent pour vous rappeler vos souffrances passées afin d'éviter qu'elles se reproduisent dans le futur.

Pierre est comme un roc sur lequel vous pouvez vous appuyer à tout moment. Pierre est l'accompagnateur idéal au cours des périodes de transition. Il vous assure de vivre le doute sainement et positivement. Vous pouvez compter sur lui.

Alexandre est là pour vous rappeler que vous êtes maître et roi de votre univers. Vous seul savez ce qui est bon pour vous, tout comme un bon roi sait ce qui est bon pour son peuple. Vous êtes la reine de votre vie intérieure.

Mathieu vient vous dire qu'il est bon de vivre. En effet, la quête spirituelle s'effectue plus rapidement quand le plaisir et la joie de vivre se vivent à chaque moment.

Madeleine est là pour vous rappeler l'humilité nécessaire à votre cheminement. Sans l'humilité, la quête spirituelle perd tout son sens.

Et enfin *Sylvie* est votre âme sœur et elle vous accompagne dans la recherche de votre identité. Elle est en quelque sorte votre double et elle s'assure que votre cheminement est toujours en accord avec ce que vous êtes et ce que vous devenez.

Voilà la réponse au fait que je n'avais pas d'âme sœur !

En raison de votre potentiel, Sylvie fait le lien entre votre monde et le nôtre. Elle s'assure que tout va pour le mieux pour vous, que vos limites sont respectées, et elle sert de canal pour nous. Elle nous aide à vous comprendre et à comprendre votre réalité. Ainsi, il nous est beaucoup plus facile de communiquer avec vous.

N'est-ce pas Sofia qui sert de canal ?

Sofia sert d'outil pour ouvrir le canal, puisqu'elle est la sagesse de votre cœur. Mais nous communiquons à tour de rôle avec vous. Voyez notre intervention comme une réunion où un ensemble de personnes sont là pour répondre à toutes vos questions, peu importent leur nature ou leur origine.

Donc, je suis un canal à part entière. Ce n'est pas une entité qui me sert de canal.

En effet, vous êtes votre propre canal. Le travail de lumière que vous avez entamé et la formation que vous avez suivie ont ouvert cette porte vers l'au-delà[6]. C'est aussi simple que cela. On pourrait comparer cela à une porte donnant sur une salle de réunion, où un ensemble de ressources sont à votre disposition.

À quel endroit êtes-vous situés ?

Est-ce important ?

Oui !

Nous sommes dans une autre dimension, parallèle à la vôtre. Pour le moment, peu de gens arrivent à nous voir. Mais au fur et à mesure que chaque être humain poursuivra son évolution, le contact avec l'au-delà, cette nouvelle dimension, sera beaucoup plus facile.

---

6. Formation comme Passeur de lumière (thérapeute en lumino-énergétique). Centre Lumière de vie, (450) 835-0863, www.lumieredevie.qc.ca

C'est comme si un édifice à étages était en construction. Présentement, nous sommes situés à un étage où l'on ne peut se rendre que par les escaliers. Éventuellement, il y aura des ascenseurs et une affiche indiquant qui nous sommes. Mais pour le moment, c'est comme ça.

C'est tellement simple avec vous ! Vous utilisez des images très claires. Quel est le lien entre cet exemple d'édifice et le fait que tout se trouve à l'intérieur de nous ?

Nous ne disons pas que nous sommes votre vie intérieure, mais que nous sommes des guides qui peuvent vous aider à trouver votre voie. Votre rôle est d'agir à titre de messager pour indiquer aux gens cette possibilité que nous représentons. Par la suite, chaque personne dispose du libre arbitre et peut choisir d'emprunter cette voie ou non. Et ce ne sont pas les mêmes gens qui seront dans cette pièce. De plus, cette pièce risque de ne pas être la même, car chaque personne est différente des autres et ses besoins seront donc nécessairement différents. Il se peut que vous soyez l'intermédiaire entre cette pièce et la personne. Cela dépendra de chacun, de ses besoins et de ce qu'il désire en faire.

Le 11 mars 2004

Il y a cet urgent besoin de savoir.

Nous vous écoutons, chère enfant.

Qu'est-ce que la providence ? Cette question fait suite à une discussion que j'ai eue avec ma grand-mère. Voici sa définition : « La providence est de croire qu'il existe quelqu'un, situé au niveau de la Source, qui s'assure que tu ne manques de rien. C'est une grande force. C'est comme être enceinte. Il y a une force qui fait en sorte que les cellules se développent et qu'un être naîtra. Si ce n'est pas la providence, qu'est-ce que c'est ?» Ses paroles portent à réfléchir et, en même temps, sont très rassurantes. Pourrais-je avoir votre aide et vos explications pour être certaine d'avoir compris toute la portée de ce qu'elle a dit ?

La providence est un état d'esprit dans lequel vous ne doutez pas, vous ne cherchez pas constamment. Vous savez que la solution vous sera présentée d'une manière ou d'une autre et qu'elle sera bonne pour vous. C'est croire en une force infinie, une puissance qui est là spécifiquement pour vous. Bref, c'est avoir la foi que tout est possible et qu'il n'y a que des solutions, pas des problèmes.

Cette providence ne vient pas de vous mais bien d'une source extérieure à vous. Ce sont nous tous, vos guides, vos anges, votre famille, vos amis, votre conjoint et des inconnus qui feront en sorte qu'il y aura toujours une solution aux soi-disant problèmes auxquels vous vous heurtez. Cela m'amène à vous reparler de la confiance. Il s'agit de visualiser le résultat, et nous nous occupons du reste. C'est ce que nous appelons la providence.

Pour les femmes enceintes, comment définiriez-vous la providence ?

Quand vous êtes enceinte, cela suppose que vous avez fait l'acte d'amour avec votre conjoint et que vous vous en remettez à Dieu ou à la Source en ce qui a trait au résultat de cet acte d'amour. Jusqu'à maintenant, vous n'avez pas porté d'enfant. Cela vous rend-il triste ?

Non, car ce sera pour une prochaine fois. C'est une autre étape vers ce merveilleux moment que représente la naissance d'un enfant. Bref, il y a une totale acceptation ! Elle fait suite à un cheminement intérieur. C'est comme si le fait de ne pas être enceinte faisait partie de la période de réalisation pour avoir un enfant et qu'il n'y a pas lieu de s'en faire.

C'est une très belle attitude. Il suffit d'avoir la même, soit de faire confiance à la providence en ce qui concerne le travail, l'argent et la vie en général. Chaque fois qu'une difficulté se présente, rappelez-vous votre attitude positive à l'égard de la conception d'un enfant, et le tour sera joué !

Par votre attitude, vous établirez, sur le plan énergétique, les éléments nécessaires pour que les solutions à cette difficulté vous soient présentées de manière simple, facile et rapide. Vous ne retiendrez aucune énergie par le négativisme. D'ailleurs, voici l'exercice que nous vous proposons à ce propos.

Le potentiel d'une situation positive pour aborder une nouvelle situation

Assurez-vous d'être dans un endroit calme, où vous pouvez relaxer.

Assoyez-vous et prenez trois grandes respirations au niveau de l'abdomen.

Visualisez une situation où vous avez réagi de manière positive à ce qui se passait.

Prenez le temps de ressentir le bien-être apporté par cette manière de voir la situation. Vous vous êtes senti bien dans votre peau; vous ressentiez beaucoup de bonheur, de paix et de sérénité.

Lorsque le bien-être a pris forme à l'intérieur de votre corps, visualisez doucement la nouvelle situation qui se présente à vous.

Demandez à la sagesse de votre cœur de vous livrer les messages nécessaires à l'apprentissage qu'appelle cette nouvelle situation.

Conscientisez chacun des apprentissages apportés par cette nouvelle situation.

Visualisez que votre force et votre courage sont vécus en totale harmonie avec ce que vous êtes et avec votre objectif de vie.

Remerciez-vous de prendre le temps de vivre consciemment les apprentissages relatifs à cette nouvelle situation.

Remerciez-vous d'accepter de les vivre le plus sainement et le plus sereinement possible.

Remerciez vos anges et vos guides pour leur soutien et leur aide dans le cheminement que vous demande cette nouvelle situation.

La réalisation de cet exercice a suscité une visualisation avec une cliente. C'était merveilleux ! Elle a appris et assimilé tous les apprentissages nécessaires pour être en mesure de vivre sainement son nouvel accouchement. Je vous demande donc de prendre soin d'elle, que ses guides l'accompagnent dans ce merveilleux moment d'amour et de paix qu'elle va vivre ! Elle a droit à la facilité, à la simplicité, au bonheur pur et vrai.

N'est-ce pas un acte merveilleux que de donner la vie à un être ? Visualiser cet accouchement vous permet de comprendre et de revivre votre venue sur terre.

Ma venue sur terre ?

Oui, elle a été assez chaotique. Vous ne désiriez pas venir au monde. Vous aviez si peur de perdre la douceur de votre cocon et que les gens vous fassent mal ! Il est vrai que dans vos anciennes vies, vous avez été persécutée, violentée, abusée, séquestrée, décapitée. Chaque fois, c'est parce que vous aviez fait confiance aux autres et non à vous-même. Vous êtes ici, dans cette vie, pour vous réapproprier votre pouvoir, votre destinée, votre volonté de réaliser votre vie.

Malgré cet objectif de vie, votre venue en ce monde vous a fait terriblement peur. Même la manière dont l'accouchement s'est passé dénote, là encore, que vous ne faisiez pas confiance aux gens qui vous entouraient, surtout pas à votre mère. Elle était pourtant là pour vous protéger et vous assurer que tout se passerait bien. Elle vous assurait une transition en douceur dans cette nouvelle vie. Et pourtant, vous avez refusé cette aide pendant l'accouchement et longtemps après.

Nous croyons qu'il est temps que vous vous pardonniez et que vous acceptiez que votre vie ne soit plus une succession pénible et austère d'événements difficiles. Votre vie sera difficile si vous n'acceptez pas de vous faire confiance tout en faisant confiance à ceux qui vous entourent.

Pouvez-vous continuer ?

Ce que nous voulons dire par là, c'est que vous pouvez faire confiance aux autres pourvu que vous vous fassiez aussi confiance à vous-même. Il faut que la confiance soit sur ces deux plans pour que cela fonctionne et que vous ne reviviez pas de situations d'abus. Par le passé, c'est l'absence de confiance en vous qui a créé ces diverses situations. Il ne faut pas remettre sa confiance entre les mains de quelqu'un d'autre. C'est un élément que l'on développe et que l'on cultive à l'intérieur de soi. Il n'y a personne d'autre qui puisse le faire à notre place. Si nous laissons les autres le faire, il survient des situations d'abus de toutes sortes, puisque ces gens ne sont pas vous et qu'ils ne connaissent pas vos limites. Alors nécessairement, il y aura de l'abus.

Votre lumière ne s'est pas envolée parce que vous êtes née ! Il est sûr que vous avez fait partie de la lumière spécifique de votre mère. Mais, après votre naissance, vous avez reçu votre propre lumière, votre propre énergie. Il importe que vous y croyiez. Vous êtes un être de lumière, de douceur et de bonté. Cela ne vous est pas venu avec le temps ; c'était là dès votre naissance. Pourtant, dès le départ, vous avez préféré l'oublier.

Vous avez donc passé une partie de votre vie à oublier jusqu'à votre éveil. Vous êtes présentement dans cette période. Ce n'est que le début. Vous vivrez des choses magnifiques pourvu que vous conserviez la confiance en vous, la foi en vous et que vous ne la donniez pas à quelqu'un d'autre, qui prétend avoir la solution.

Ces paroles me procurent la paix et la sérénité. Comment définiriez-vous la naissance ?

La naissance est un lien direct avec le passage dans une autre dimension, tout comme la mort. Ce n'est que la direction qui change de la cinquième dimension vers la troisième dimension, et vice-versa.

Le 15 mars 2004, dans l'avant-midi

Les cauchemars sont-ils la résultante d'un éveil ?

Qu'en pensez-vous ?

Il est difficile et pénible de vivre de telles nuits. Ressentir toutes ces émotions et ces sensations est assez perturbant.

Parlez-nous de vos cauchemars.

Que signifie le fait de vouloir sauver sa peau ainsi que celle d'une enfant dans un feu de forêt ? Que veut dire l'image d'une vieille personne fondant sous l'intensité de la chaleur ?

Doutez-vous de vous, de vos capacités ?

En partie. Il y a des éléments faciles à accepter et d'autres qu'il est préférable d'oublier ou de croire absents.

Trouvez-vous qu'il est difficile de porter un masque vis-à-vis de vous-même ?

Que voulez-vous dire ?

Est-il difficile de toujours cacher une partie importante de son être ? Cela vous demande-t-il beaucoup d'énergie pour vous combattre ? Où est l'amour de vous ? Qu'est-ce qui vous fait si peur ?

C'est une façon différente d'aborder la situation. Vous croyez que ce rêve représente la fuite de moi-même ? Ainsi, mon énergie se consumerait très rapidement... J'ai besoin d'explications.

Vous faites une démarche pour être vous-même, vraiment vous. Pour être ce qu'il y a de plus beau à l'intérieur de vous. Cette démarche vous donne une frousse bleue, si bien que vous préférez vous cacher, vous masquer à vous-même.

Cette manière d'être vous épuise. Vous jouez un rôle pour plaire aux autres afin de ne pas être vous-même. Mais, tôt ou tard, cette manière vous épuisera à un point tel qu'elle vous consumera. Considérez cette vieille femme comme si c'était vous dans trente ans. Ce dont vous auriez l'air et ce qui vous arriverait si vous n'acceptiez pas d'élever votre niveau vibratoire en étant vraiment vous-même.

L'amour, le véritable amour, commence par soi. Il importe de s'aimer tel que l'on est, d'être ce que l'on est pour être en amour avec soi, pour vibrer d'amour envers soi. Par la suite, il sera possible d'offrir cet amour à notre conjoint, à nos amis, à notre famille, à nos enfants. Il est sûr que c'est exigeant pour vous de cheminer ainsi et que vous aimeriez parfois revenir en arrière. Mais ce ne serait pas une solution. Cela vous rattraperait sous une forme ou sous une autre. Il suffit de vivre cette période de transition d'un manque d'amour de vous vers un total amour de vous, en acceptant tout ce qui en découle.

Mais on aime toujours au moins une partie de nous.

Nous en sommes convaincus. Nous savons que vous aimez réellement ce qui vous plaît chez vous ou ce qui fait votre affaire. Qu'en est-il du reste? Nous vous parlons d'aimer cette partie ignorée par vous afin de trouver la paix et la sérénité. Que vos lundis se passent toujours bien! Qu'ils soient une journée merveilleuse, comme toutes les autres journées de la semaine!

Le 15 mars 2004, dans l'après-midi

Êtes-vous constamment avec nous?

Nous sommes toujours là. Pourquoi disparaîtrions-nous? Nous vous accompagnons constamment. Nous sommes à vos côtés.

Vous êtes dans une salle située dans un édifice d'un autre monde. Doit-on se rendre dans cet édifice pour prendre ou reprendre contact avec vous?

Non. Nous sommes constamment avec vous, nous vous accompagnons chaque jour, chaque minute de votre vie. Vous choisissez parfois de ne pas être en contact avec nous pour diverses raisons que nous comprenons. Mais sachez que nous sommes toujours à côté de vous.

Ainsi, il n'est pas nécessaire d'être dans un état particulier pour entrer en contact avec vous. Il suffit d'être soi-même, en toute simplicité. Pourtant, il arrive qu'il soit moins facile de vous contacter.

Pour ces fois où c'est moins facile, avez-vous repéré des éléments communs ?

Oui. La folle du logis, c'est-à-dire le mental, est très présente. Et la conception de scénarios s'effectue sans arrêt. Pourtant, ils ne tiennent pas la route. Pourquoi cette tendance à avoir peur et à se sentir toujours menacée ? Pourtant, la volonté de changer cette habitude est très présente. C'est exaspérant !

Pourquoi cette habitude devrait-elle changer ?

Elle gruge de l'énergie qui pourrait être utilisée à bon escient, surtout dans les périodes plus occupées.

Si c'était tout simplement un mécanisme de défense ?

D'accord, mais dans quel but ? Il n'a pas toujours sa place.

Vous croyez ?

Oui !

Ce mécanisme a été mis en place par vous afin de vous protéger de votre trop grande confiance envers les gens au détriment de celle que vous aviez en vous. À force d'avoir mal, vous en êtes venue à anticiper les difficultés avant même qu'elles arrivent. Par défaut, vous avez adopté une position de guerrière ou de défenderesse.

Combien de fois êtes-vous montée aux barricades sans même être sûre que cela en valait le coût? Maintenant, tout se fait avec douceur et vous prenez davantage le temps de réfléchir avant d'agir. Ce qui, en soi, est excellent.

Mais qu'est devenue votre spontanéité, votre liberté d'agir? Tout est contrôlé, analysé, compartimenté, critiqué afin de toujours en faire ressortir le meilleur. Et si le meilleur était simplement d'être vous-même, ici et maintenant? Où se trouve votre intuition, votre meilleur guide pour savoir ce qui est bon pour vous, ici et maintenant? Pourquoi cette peur vous habite-t-elle chaque fois qu'un nouvel élément survient?

Vous vous remettez toujours en cause, contrairement aux gens qui vous entourent. Ils n'ont pas besoin de tout défaire et de tout refaire à chaque minute du jour et à chaque seconde. Ils sont tout simplement eux-mêmes, ici et maintenant. Il est sûr qu'ils n'ont pas votre vécu ni le même chemin de vie que vous. Cependant, il y aurait lieu d'ajuster votre tir de façon à vous remettre en cause quand c'est nécessaire et à laisser les autres circonstances être, tout simplement. Cesser de s'en faire pour tout et pour rien, voilà la vraie libération!

Comment fait-on pour arrêter de s'en faire?

On est, tout simplement! On cesse de croire que tout le monde autour de soi est mal intentionné. Nous croyons que chaque cas est unique et demande une assistance sur le plan de votre cœur afin de valider si le contact avec cette personne est bon pour vous. C'est ce que nous appelons l'intuition. Ce guide peut vous aider à chaque instant si vous l'écoutez.

Nous essayons constamment de vous mettre en contact avec cet outil, mais il arrive souvent que vous abandonniez et que vous n'essayiez même pas d'y avoir recours. Vous trouveriez pourtant tellement de réponses à vos questions de tous les jours! Il est sûr que nous restons disponibles pour vous aider et vous guider pour les questions d'ordre plus complexe. Mais l'intuition vous permet d'être ce que vous êtes. C'est la voie de votre âme. Elle sait ce qui est bon pour vous. Elle vous guide et vous rappelle le cheminement que vous désirez effectuer sur terre.

Pourquoi se préoccupe-t-on de ce que les autres peuvent dire à notre propos, de ce qu'ils pensent? Est-ce de la folie ou de la paranoïa?

Il y a un déséquilibre pour que vous agissiez de la sorte. D'après vous, quel est le chakra touché par ce déséquilibre?

Le troisième œil?

C'est davantage celui de la couronne qui est sollicité dans de telles circonstances. Il ne tourne probablement pas suffisamment pour vous permettre de vous sentir en équilibre et en harmonie avec vous-même. À quel endroit ce déséquilibre prend-il sa source selon vous?

Je n'en ai aucune idée.

À force de trop penser, on finit par ne pas agir et par douter de soi-même et des gens qui nous entourent. On se crée une réalité autre que celle qui existe.

Êtes-vous une création de toutes pièces? Faites-vous partie d'une autre réalité?

Doutez-vous de notre présence? Croyez-vous que nous sommes le fruit de votre imagination, de vos pensées?

Ce serait dur comme affirmation.

Effectivement! Dur par rapport à vous-même! Dur en ce sens que tout ce que vous avez mis en place depuis votre naissance serait alors de la foutaise. Vos impressions, vos *feelings*, vos apprentissages seraient du vent... Les gens que vous avez rencontrés ne se trouveraient que dans votre imagination, tout comme nous... Désirez-vous que nous partions?

Surtout pas! Je réalise le poids de mes paroles. Mille excuses à vous, chers guides et chers anges, ainsi qu'à chacune des personnes m'ayant aidée à cheminer. Pardon!

Chère enfant! Il est grand temps que vous entamiez un processus de guérison afin d'en venir à vous faire confiance. Ainsi, cela vous sera beaucoup plus facile. Quand vous aurez confiance en vous-même et ferez confiance aux autres, le doute, le questionnement cesseront de la même manière qu'ils sont apparus.

Est-ce normal de douter de soi à ce point?

Oui. Mais ce doute dure depuis un long moment dans votre cas. Comme nous l'avons déjà dit, il était présent avant même votre naissance. Il provient de vos anciennes vies, où vous avez davantage fait confiance aux autres qu'à vous-même. Il est sûr que vous en avez payé le prix plus d'une fois.

Maintenant, vous devez travailler à votre évolution, puisque les circonstances sont favorables en comparaison de ce qu'elles étaient dans vos vies passées. Vous avez un mari exceptionnel, une famille et des amis qui vous offrent leur appui, et nous qui nous occupons du reste. Vous n'avez qu'à être.

Votre mari désire tant vous voir telle que vous êtes! Il connaît mieux votre potentiel que vous-même. Il voudrait que vous l'exploitiez pour être enfin heureuse. Il sait le bien que vous faites aux autres par les traitements que vous donnez ainsi que celui que vous vous apportez à vous-même. Il voudrait tant vous aider!

Acceptez son aide, puisqu'il vous la propose réellement avec son cœur et sans arrière-pensées. Dans son cas, il n'y a pas de scénarios... Bref, soyez heureuse en étant vous-même et en écrivant ce livre dont vous avez rêvé il y a déjà plus d'un an.

Je me sens choyée de vivre ce temps d'arrêt.

Un temps d'arrêt? À quel moment avez-vous arrêté depuis le retour des Fêtes?

À aucun.

Alors, il s'agit plutôt d'un changement de vie. D'une vie vers les autres à une vie vers soi... Ne vous sentez pas obligée d'y voir un temps d'arrêt pour accepter toutes les belles choses que nous vous offrons à la suite de votre demande. Acceptez que votre demande se réalise comme vous le désiriez. Comment pourrait-on empêcher quelqu'un de réaliser un travail d'amour et de lumière envers soi-même et, par le fait même, envers les autres? Ce n'est qu'un changement de cap. Il importe que vous le nommiez ainsi et que vous le voyiez ainsi.

D'accord! Mais je croyais que cela s'arrêterait un jour. Voilà pourquoi je me suis protégée.

Acceptez donc ce cadeau d'amour, de facilité, de joie et de sérénité que nous vous offrons et que vous vous faites en acceptant ce que nous vous donnons!

Merci!

Nous aimerions porter à votre connaissance que ce n'est pas la première fois que vous avez ces périodes de doute. Mais c'est la première fois que vous persévérez malgré tout. Vous avez donc un excellent potentiel de confiance en vous. Acceptez tout simplement ce que vous êtes. Laissez vibrer ce que vous êtes, et l'ensemble de votre confiance en vous sera alors de nouveau présent.

Acceptez que certaines connaissances acquises n'aient pas leur raison d'être et qu'elles doivent laisser leur place à d'autres, qui seront plus utiles à votre cheminement.

Merci pour cette prise de conscience. En effet, ces connaissances n'ont plus leur raison d'être.

Le 16 mars 2004, dans l'avant-midi

Pourquoi est-ce que je ressens une forte chaleur au niveau du cœur quand je demande d'entrer en contact avec vous, chers guides et chères entités? Êtes-vous les âmes avec qui j'ai déjà commencé le dialogue?

Chère enfant, ce n'est pas la manière dont nous entrons en contact avec vous qui importe, mais bien ce que vous ressentez. Que ressentez-vous?

Une immense chaleur au niveau du chakra du cœur.

Serait-ce que l'amour de vous est enfin au rendez-vous?

Que voulez-vous dire?

Avez-vous l'impression qu'un changement s'opère en vous?

Oui. Je sens une volonté de modifier mon attitude envers certaines situations, sans toutefois savoir comment.

Si nous vous proposions un exercice vous permettant de laisser partir ce qui ne vous convient plus?

D'accord. Pourquoi cette résistance à le faire ? Que se passe-t-il ?

Il est normal d'avoir une appréhension à laisser partir des éléments qui ont fait partie de votre vie au quotidien. Cette réticence démontre leur forte présence et leurs profondes racines à l'intérieur de vous. Essayez de faire l'exercice suivant en vous bénissant et en vous offrant l'amour de vous-même. Ainsi, cela se passera merveilleusement bien.

Laisser partir ce qui ne vous convient plus

Prenez une position confortable, dans un endroit qui vous convient.

Prenez trois grandes respirations au niveau de la cage thoracique afin de laisser entrer le plus d'amour possible au niveau de votre cœur.

Imaginez que vous êtes assis dans un pré magnifique rempli de blé, d'orge et de fleurs. Le soleil est radieux, il fait chaud et le vent caresse tendrement la peau de votre visage.

Prenez le temps de ressentir, au niveau de votre cœur, le bien-être qui s'établit en vous.

Visualisez une situation à l'égard de laquelle vous aimeriez changer d'attitude.

Prenez le temps d'établir la situation sur le plan de votre conscience.

Prenez le temps de réaliser de quelle façon vous réagissez normalement à ce type de situation.

Une fois que vous avez bien visualisé la situation et votre façon d'y réagir, demandez que cette dernière soit remplacée par une autre, et que cette ancienne façon laisse place à une attitude plus appropriée à votre nouvelle manière d'être.

Pour parvenir à laisser partir votre ancienne manière de réagir, imaginez que chaque élément de celle-ci se retire de vous et s'envole au loin, emportée par le vent, que chacun des éléments retourne à la terre sous forme de compost, offrant ainsi une nourriture précieuse à cette merveilleuse terre.

Maintenant, laissez émerger chacun des éléments constituant votre nouvelle manière d'être.

Acceptez chacune des images qui se présentent à vous malgré leur possible incohérence.

Demandez que ces images vous amènent à trouver une nouvelle manière d'être. Demandez qu'elles soient en accord avec ce que vous êtes et ce que vous devenez, et qu'elles vous amènent à accepter les apprentissages que vous devez faire.

- Si votre nouvelle manière d'être vous apparaît, prenez le temps de la ressentir et de l'accepter avec amour.

  Ressentez le bien-être qu'elle vous apporte en répondant à de nombreuses questions laissées en suspens.

  Remerciez-vous de vivre ce merveilleux moment d'amour et remerciez la terre de vous avoir accompagnée.

  Remerciez vos guides et vos anges gardiens pour le travail qu'ils vont entreprendre maintenant qu'ils ont découvert votre nouvelle manière d'être à l'égard de cette situation.

- Si votre nouvelle manière d'être ne vous apparaît pas, poursuivez la visualisation du champ de blé, du vent sur votre visage, des chauds rayons du soleil.

Remerciez-vous de vivre ce merveilleux moment d'amour et remerciez la terre de vous avoir accompagnée.

Remerciez vos guides et vos anges gardiens pour leur aide dans cette découverte.

Normalement, la réponse devrait vous arriver au cours de la journée. Si ce n'est pas le cas, refaites l'exercice trois jours de suite. Puis laissez passer une période de repos d'une semaine avant de reprendre cet exercice durant trois jours.

Ne vous en faites pas si la réponse n'est pas claire ou qu'elle ne survient pas aussi rapidement que vous le souhaitez. Il arrive qu'une ancienne façon d'être prenne racine très loin dans votre vécu. Mais soyez confiant : vous obtiendrez des résultats !

Cet exercice procure un bien-être intense, merveilleux et profond. Il m'a permis de trouver la réponse tant cherchée : pourquoi ma confiance en moi et envers les autres n'était-elle pas présente ?

Nous vous écoutons.

Ma confiance en moi se basait sur le reflet du miroir que les autres me renvoyaient. Je m'accrochais donc à eux dans l'espoir inouï qu'ils me rendent ce regard d'approbation et d'amour dont j'avais besoin. Tant d'actions visaient aussi à obtenir ce regard, mais tant de déceptions s'ensuivaient, surtout quand les gens me renvoyaient un reflet inattendu ! Alors, le cycle de questions s'entamait : qu'ai-je fait qui n'était pas correct ? Qu'aurais-je dû dire ou ne pas dire ? Que pense cette personne de moi ?

En faisant l'exercice, j'ai réalisé que la confiance en soi ne s'acquiert pas de cette manière. Ce n'est que par son propre regard que l'on peut approuver si ce que l'on fait est en accord avec ce que l'on est et avec ce que l'on devient. La confiance se retrouve à l'intérieur de soi si l'on est à l'écoute de soi-même et si l'on fait des gestes en accord avec soi. Ces gestes doivent être le reflet de notre âme et non celui des désirs de quelqu'un d'autre.

Mon ancienne manière d'être était très déstabilisante. En la laissant partir, il y a donc eu reconnexion avec mon être et avec mon potentiel. Mon ancienne manière d'être a toutefois eu son importance dans mon cheminement vers ce que je désire devenir. À force de rechercher l'approbation chez les autres, on devient une personne très sensible et très à l'écoute des autres. Cette sensibilité extrême m'aide énormément dans la vie de tous les jours. Merci à la vie, aux gens et merci à vous, chers guides, pour votre immense patience et pour votre volonté de nous aider et d'assurer notre évolution.

Y a-t-il eu d'autres images ?

Oui. Le besoin de l'approbation des autres… Il vient de ma relation avec mon père. Il se croyait un bon parent quand nous faisions ce qu'il nous demandait de faire, alors qu'un bon parent ne se définit pas par les gestes que font ses enfants, mais par sa qualité de présence, son absence de jugement, sa disponibilité, son écoute et son amour. Longtemps, je me suis sentie obligée de répondre à ses attentes. Grâce à cet exercice, je me rends compte que la relation parent-enfant doit s'établir sur la *confiance mutuelle. Peut-on avoir confiance en quelqu'un qui vous envoie un regard réprobateur parce que vous essayez, à votre façon, d'être en contact avec vous-même, d'être vous-même, tout simplement ? Mais je ne lui en veux pas d'avoir eu cette attitude envers moi. D'ailleurs, j'ai essayé d'établir de nouvelles balises relationnelles, mais sans succès.*

À présent, je comprends pourquoi il résiste tant à ce que notre relation change. Il fonde sa confiance en lui sur le regard qu'on porte sur lui et il fonde notre confiance en nous sur le regard qu'il porte sur nous. Je respecte cette manière d'être, mais je suis très contente qu'elle ne m'appartienne plus. Elle est retournée à la terre sous forme d'engrais pour ce merveilleux champ de blé.

Je constate que la confiance en soi ne doit pas se mesurer dans le regard de l'autre mais par le contact avec soi et son âme. Je me sens de nouveau une petite fille. J'en ressens un profond soulagement. Je vais pouvoir gambader à nouveau, puisque je ne suis plus le regard de quelqu'un d'autre mais mon propre regard. Je n'ai plus de comptes à rendre, je n'ai plus à être parfaite ni à être celle que quelqu'un d'autre voudrait que je sois. Bravo ! Je suis libérée ! Que ce fut un long processus !

Ce fut pour vous un grand apprentissage. Il y avait beaucoup d'éléments à mettre en place pour être en mesure de travailler sur l'origine de votre manque de confiance en vous. Maintenant, comprenez-vous pourquoi nous vous demandions d'enlever votre masque ?

Oui, je comprends. En cherchant à être ce que l'on voit dans le regard de l'autre, on se protège de soi-même, de ce que l'on est. On se refuse à soi-même. Il est certain que ce besoin de se protéger était nécessaire, puisque le regard des autres manquait parfois de gentillesse, d'où cette méfiance envers ceux qui m'entouraient. Ne trouvant pas le regard que j'attendais, je tentais de comprendre ce qui se passait, mais je n'y parvenais pas, si bien que j'en venais à penser que les gens n'étaient pas en accord avec moi.

Il n'y a pas lieu, pourtant, d'aborder la situation de cette manière. Les autres ont le droit d'être en accord ou en désaccord avec ce que l'on fait. Leur amour ou leur amitié ne tient pas à cet accord mais à l'amour qu'ils donnent, au respect qu'ils témoignent. Souvent, les regards ne signifient pas ce que l'on croit. Les gens peuvent avoir l'esprit ailleurs ou souffrir en raison de blessures causées par d'autres. La confiance ne doit pas être fondée sur ces éléments. Cette même manière d'être peut-elle être adoptée à l'égard de la vie en général ?

Oui, si vous acceptez de voir les situations qui vous arrivent non pas comme une approbation ou une désapprobation de ce que vous faites ou de ce que vous vivez, mais bel et bien de l'intérieur.

De l'intérieur ?

Accepter de voir la situation de l'intérieur implique que vous devez rester en contact avec vous-même afin de vous assurer s'il est bon pour vous de vivre cette situation. C'est écouter votre petite voix, celle qui vous dicte quoi faire et comment le faire. C'est le manque de contact avec cette petite voix qui fait tant souffrir, car il signifie un éloignement de soi, de la personne que l'on est et des buts que l'on a.

Parfois, les gens se rendent malades, physiquement ou mentalement, avant d'en venir à écouter cette voix qui est la leur. Pourtant, son potentiel est immense. Nous vous demandons simplement d'accepter d'entrevoir une nouvelle manière de vivre votre vie. Plutôt que d'aller chercher la réponse à l'extérieur de vous, cherchez-la à l'intérieur de vous. Votre être est doué d'un potentiel créateur immense, et nous ne demandons qu'à vous aider dans ce cheminement. Il suffit de nous demander assistance et nous serons avec vous.

La source de la confiance en soi, en les autres et en la vie se situe à l'intérieur de vous. Votre âme est votre pouvoir, votre potentiel créateur. Écoutez-la et elle saura vous faire de merveilleuses surprises.

Vos paroles me permettent de réaliser pourquoi une cliente est entrée dans ma vie et ce que nous avions à nous apprendre mutuellement. Notre première rencontre portait sur la possibilité de réaliser un projet qui lui tenait à cœur et lui redonnait espoir en la vie. Elle avait la possibilité de passer d'une vie monotone à une vie remplie d'amour, de joie et de petits bonheurs.

Cependant, le doute l'assaillait. Elle a donc fait des allers-retours émotionnels et mentaux pendant plus de deux mois. Puis elle a décidé de commencer une nouvelle vie, avec de nouveaux objectifs. Je remercie la vie de l'avoir placée sur mon chemin car, grâce à elle, j'ai compris qu'il était normal de douter de soi, puisque le doute permet d'évoluer.

À présent, même lorsque le doute est présent, il ne prend pas toute la place. Ma cliente et moi avons fait une très belle traversée. Je vous demande de l'aider dans son cheminement afin qu'elle reste en contact avec elle-même et qu'elle ait la force d'avancer. Elle le mérite tant! Elle a prouvé sa bonne foi et sa confiance en la vie.

Vous demandez beaucoup pour une seule personne!

Oui, mais elle mérite enfin sa part de bonheur!

Nous avons l'impression que vous parlez de vous…

Vous avez parfaitement raison. Il y a chez moi aussi cette volonté d'être heureuse, de faire des choses plaisantes et valorisantes, d'aider mon prochain dans la mesure de mes connaissances et de mes propres limites. Tout au long de ce cheminement, vous serez présents, et cela me procure une grande force. Est-il possible d'en faire profiter d'autres personnes, notamment cette cliente ?

Nous veillerons sur elle, rassurez-vous. Merci pour cet élan de générosité, de confiance et d'amour envers nous.

Quelle sera notre prochaine destination ?

L'amour, cette région si méconnue et pourtant si visitée.

Chapitre 4

L'amour

Le 16 mars 2004, dans l'après-midi

Vous avez souvent parlé de la nécessité de s'aimer tel que l'on est, de s'accepter tel que l'on est, de laisser vibrer son amour. Quelle est votre définition de l'amour ?

L'amour ne se décrit pas. Il se vit, il se ressent sur le plan du cœur. C'est le sentiment le plus humble, le plus complet et le plus vrai qui soit.

Comment peut-on être certain que nous ressentons de l'amour ?

Avez-vous déjà ressenti une vibration ou une très forte chaleur au niveau de votre cœur ?

Oui, souvent.

Alors, nous dirions que vous étiez dans un état d'amour.

L'amour est un état ?

Non, l'amour n'est pas un état. C'est une manière d'être. Il est donc impossible d'être constamment en état d'amour, puisque cela provoquerait un déséquilibre au niveau du chakra concerné.

Vraiment ? On ne doit pas constamment sentir l'amour vibrer en soi ?

Y parvenez-vous ?

Honnêtement, pas toujours !

Alors pourquoi s'obliger à être constamment en amour? Il est préférable de s'écouter de façon à ressentir cette vibration d'amour lorsqu'elle est présente. Il importe de ne pas provoquer cet état puisque, à la longue, il vous serait alors difficile de savoir si ce que vous ressentez est de l'amour ou pas.

Vous voulez dire qu'à force de s'obliger à être en « état d'amour », on en vient à ne plus le ressentir, à ne plus le vivre ?

Effectivement, cela peut avoir des conséquences sur votre capacité à aimer.

Je croyais que c'était sans limites, que nous aimions sans mesure... Qu'il suffit de le vouloir pour que ça y soit...

Vous parlez de vouloir aimer. Or, l'amour est indépendant de votre volonté. Cet état s'établit, que vous le vouliez ou non. Vous ne pouvez rien y faire.

Voilà une affirmation difficile à accepter. Que fait-on si cet état ne s'établit pas avec nos parents, nos frères ou encore notre famille ?

Que faites-vous lorsqu'une amie et vous ne partagez plus les mêmes buts, les mêmes besoins?

On arrête de se voir, tout simplement, et on remercie la vie de s'être rencontrées. L'amitié doit être vécue comme un passage d'une minute ou d'une vie entière.

La manière d'être représentée par l'amour prend forme et dure de la même façon que l'amitié. C'est une règle absolue qu'il est impossible de changer. Ce sentiment naît ou ne naît pas et il a sa propre durée de vie, que cela vous plaise ou non! Beaucoup de souffrances amoureuses seraient évitées si l'amour était vécu de cette manière.

Et il ne faut surtout pas voir cela comme un échec mais comme une merveilleuse période de profond respect et de contact intime entre deux êtres. La poursuite de l'amour comme un but ou une réussite amène de nombreuses déceptions et fausse la nature même de ce sentiment. L'amour est une chimie qui prend forme entre deux personnes, et cette chimie est indépendante d'elles.

Que pouvons-nous faire pour que ce sentiment dure éternellement ?

Vous pouvez alimenter et nourrir ce sentiment, mais pas le faire durer. L'amour implique un total abandon, une absence de contrôle, une confiance totale envers soi-même, envers l'autre et envers la vie. Il arrive que des gens se séparent non pas parce qu'il n'y avait plus d'amour entre eux mais parce qu'ils n'ont pas su l'alimenter convenablement. Il importe aussi que les acteurs principaux s'alimentent eux-mêmes personnellement pour que le couple puisse être, par le fait même, alimenté. C'est le principe des îles.

Le principe des îles ?

Chaque personne représente une île à part entière, avec ses propres particularités, sa richesse et sa splendeur. Ces deux îles sont reliées par un pont. Ce pont est construit conjointement par l'une et l'autre des personnes au début de la relation. Il permet d'établir un contact avec l'autre tout en étant authentique et en gardant son identité. Ce pont existera tant et aussi longtemps qu'il sera entretenu de chaque côté. Si l'un des deux côtés n'est pas entretenu, alors il ne sera plus possible, pour l'autre, d'établir le contact. Si cette situation perdure, le pont se détachera et tombera dans la mer, permettant ainsi aux deux personnes de reprendre chacune leur route.

Selon ce principe, il est donc impossible de faire durer un amour si une moitié de pont est absente. Il est impossible pour l'autre de construire cette partie manquante, puisque ce mandat appartient à celle qui détient la moitié du pont. Cette personne pourra toujours essayer de construire cette partie du pont, et elle y arrivera pendant un certain temps mais, tôt ou tard, elle devra se rendre à l'évidence qu'il n'y a plus de relation. Elle ne peut reproduire son sentiment chez l'autre. Ce sentiment doit être chez l'autre, tout simplement.

L'amour est une manière d'être qui se vit soit séparément, soit mutuellement. Le potentiel d'un amour commun est immense en raison de l'énergie insufflée par ce sentiment partagé. Mais il est très destructeur lorsqu'il est vécu de manière individuelle. Une des deux personnes donne de l'énergie et n'en reçoit pas. À la longue, elle doit donc assurer sa survie en cessant de côtoyer l'autre. Elle ressent souvent beaucoup de colère ; pourtant, elle est la seule responsable de cette colère. Elle n'a pas voulu voir les signaux (le pont non entretenu) que lui envoyait l'autre. Beaucoup de gens choisissent de vivre l'amour en assumant la totalité de la construction du pont et de son entretien. Puis ces personnes sont surprises de leur échec amoureux…

Nous ne voulons pas être pessimistes, mais réalistes à l'égard de ce genre de situation. Nous respectons les choix de ces personnes, si elles croient que c'est de cette manière qu'elles avanceront davantage. Mais en leur faisant prendre conscience de leur comportement, nous espérons qu'elles seront en mesure d'évaluer si l'investissement en vaut la chandelle, en termes de temps et d'énergie.

J'aurais aimé connaître ce principe bien avant ! Cela m'aurait permis d'éviter des relations amoureuses difficiles !

L'important est de mettre en place ce principe des îles dans chaque relation que vous entreprenez. Vous pouvez uniquement faire votre propre moitié de pont. Si on vous demande de faire l'autre partie, refusez en mentionnant que cela n'est pas de votre ressort. C'est à cette personne de faire sa part si elle désire entrer en relation avec vous. Vous pouvez même lui faire connaître ce principe pour qu'elle comprenne que votre geste est motivé par l'amour universel.

L'amour universel ?

L'amour universel se définit comme le sentiment profond d'être relié à ce qui nous entoure, dans un respect total. Vous ressentez le principe des îles envers chacune des choses qui vous entourent et vibrent autour de vous. Vous ne cherchez pas à changer ce qui est, mais à voir la beauté en toute chose. Cette universalité doit être vécue avec les gens qui vous entourent, amenant ainsi une nouvelle manière d'être.

Cela va à l'encontre de ce que vous m'avez dit tout à l'heure. Il est impossible de ressentir constamment l'amour en raison du déséquilibre qu'il engendre.

En effet, il est impossible de ressentir constamment l'amour si celui-ci n'est pas vécu en tenant compte du principe des îles. Si on s'entoure de gens et d'éléments avec lesquels ce principe s'applique, on pourra vivre l'amour comme une nouvelle manière d'être à l'intérieur de soi, différente de ce qu'on a vécu jusqu'à maintenant. En appliquant le principe des îles, nous serons en mesure de l'offrir à d'autres et, surtout, d'accepter le non-retour.

Le non-retour ? N'est-ce pas le fait de vivre l'amour d'une manière qui n'est pas saine pour soi ?

Nous mentionnons que le non-retour d'amour doit être accepté. On ne peut forcer l'amour à durer. Vivre l'amour comme une manière d'être signifie que, par amour pour vous-même et pour l'autre, vous le libérez de vos chaînes. Vous le laissez partir afin qu'il puisse à nouveau être indépendant de vous.

Lorsqu'on vit l'amour de cette façon, l'amour n'est pas une fin en soi ni un état statique dans le temps, mais une manière d'être. Souvent, lorsque deux êtres sont bien ensemble, l'amour est confiné à un cadre, alors qu'il doit plutôt être synonyme d'échange, d'évolution, de cheminement. Le mouvement doit caractériser l'amour.

Merci de partager avec nous cette nouvelle manière d'être ! Elle permet de cheminer à grands pas.

Sachez que nous apprécions nos rencontres autant que vous et qu'elles nous permettent à notre tour d'être ce que nous devons être dans l'autre dimension. Au plaisir !

Le 17 mars 2004

Je suis perturbée.

Le mot n'est-il pas un peu fort ?

C'est vrai. Je dirais plutôt que je suis dans un dilemme : retomber dans la torture mentale à l'égard de mon nouveau travail ou apporter le changement nécessaire pour vivre pleinement et sainement cette nouvelle vie. J'ai des résistances importantes, je m'accroche.

Nous vous comprenons parfaitement. Nous savons que vous travaillez énormément sur vous-même, sur vos manières d'être dans différentes situations. Nous aimerions vous encourager à continuer, à persévérer, puisque vous vous trouvez à un point tournant de votre vie. Vous avez la possibilité de commencer la vie que vous désiriez depuis toujours. Vous vous trouvez ainsi devant deux chemins, semblables à un « Y », et vous devez décider de la route à prendre.

Je me sens bien et fragile à la fois. J'ai peur de ne pas faire le bon choix.

Le mot peur cache autre chose. D'après vous, qu'y a-t-il derrière cette peur?

Spontanément, je dirais : un manque de confiance en mes capacités.

Nous ne dirions pas que vous n'avez pas confiance en vos possibilités mais que vous hésitez à vous aimer.

Que j'hésite à m'aimer?

Le « Y » constitue un cheminement sur le plan de l'amour de soi.

Une vibration très intense se manifeste au niveau de mon cœur. Continuez !

Merci! Vous avez de nouveau la possibilité de choisir un chemin où l'amour de soi serait vécu comme une manière d'être et non comme un état. D'après vous, jusqu'à présent, avez-vous vécu l'amour de vous-même comme un état ou comme une manière d'être?

Plutôt comme un état. Mon amour de moi s'est présenté à des périodes précises et non de façon constante.

Vous avez maintenant la possibilité de choisir. Le choix vous revient. Désirez-vous évoluer en vous aimant à chaque instant ou désirez-vous stagner à un moment du temps parce qu'il représente un instant d'amour de vous-même que vous désirez constamment répéter?

Qu'est-ce qui serait le mieux pour moi?

Spontanément, qu'est-ce qui vous vient à l'esprit?

L'amour de soi comme une manière d'être, mais je n'ai aucune idée de la façon d'y parvenir. J'ai peur du résultat et des pertes possibles.

Pourquoi des pertes surviendraient-elles à cause de l'amour de soi?

Lorsqu'on est soi-même, notre entourage risque de nous quitter.

Tenez-vous compte de la théorie des îles dans votre réflexion? Si vous vous assurez que votre moitié de pont est toujours en bon état, le reste ne dépend pas de vous. Concentrez vos énergies sur ce que vous êtes et ce que vous devenez, sans vous préoccuper de ce que pensent les autres!

De plus, il importe de voir l'amour et l'amitié non pas comme un état à préserver, mais comme une manière d'être. Si jamais vous perdez contact avec des gens, dites-vous que cela devait arriver tôt au tard. En maintenant cet état d'amour ou d'amitié, vous ne faites que retarder le processus de la théorie des îles. Ce retard implique une grande dépense d'énergie et de nombreuses souffrances.

En vous offrant l'amour de vous-même, vous vous donnez la possibilité d'être vous-même, facilitant ainsi le choix des gens qui sont en contact avec vous : soit qu'ils partent rapidement, soit que le contact avec eux se renforce en raison de votre honnêteté et de votre authenticité. En vous offrant l'amour de vous-même, vous donnez aussi de l'amour aux autres.

Pardon?

En vous aimant, vous servez d'exemple aux autres, et ils peuvent ainsi prendre conscience de l'importance de l'amour dans leur vie.

Ils se sentent bien en votre présence parce qu'ils constatent que vous ne les jugez pas, que vous vous aimez à votre juste valeur et que vous êtes donc en mesure de leur donner cette même énergie. L'amour de soi implique nécessairement l'amour des autres, en raison de la spirale d'énergie que cela crée.

Ce n'est pas la première fois que l'on entend cette phrase. Pourtant, on oublie de mettre en pratique cette pensée dans sa vie malgré son grand potentiel. On revient donc ainsi à la case départ.

C'est ce que nous appelons le fameux « Y ». Enfin, vous voilà de retour à la possibilité de choisir la route pour vous, celle qui vous convient.

Ce fut tout un détour !

Rassurez-vous, l'important, c'est d'y être aujourd'hui. Vous avez travaillé très fort pour y arriver. Vous pensiez qu'en offrant de l'amour aux autres, vous recevriez l'amour de vous-même. Nous dirions que ce sont plutôt vos choix en vue d'assurer votre survie émotionnelle qui ont fait en sorte que vous en avez oublié l'amour de vous-même. Ces choix ont été difficiles à accepter. Vous avez ressenti beaucoup de culpabilité, de haine et de colère d'avoir agi ainsi. Cependant, vous avez su remettre sur votre route, tranquillement et sûrement, l'amour de vous-même. C'est donc un processus où il importait de voir davantage le résultat que le temps nécessaire pour y parvenir.

Voilà la source des déséquilibres et des déracinements : nous posons des actions dans le but de nous faire aimer. Mais ces actions ont un prix énergétique et évolutif très élevé. Enfin, voici une porte de sortie !

Pas trop vite ! Prenez le temps de vous remercier d'avoir vécu ces belles années et d'avoir connu de si belles personnes. Elles ont toutes été des grands maîtres pour vous. Elles vous ont fait grandir beaucoup et vous devez les remercier.

Effectivement ! Il importe de remercier tous les gens qui nous ont aidé à cheminer, à être ce que l'on est. Grâce à ces grands maîtres, il est possible d'avoir la vie que l'on désire : être constamment en amour avec soi-même afin d'offrir cette affection aux autres et ainsi créer une spirale d'amour et d'abondance à l'infini. Cet amour de soi permet d'être soi-même ici et maintenant afin de se réaliser pleinement. Merci à ces grands maîtres !

Ces paroles pourraient constituer un exercice de remerciement. Celui-ci vous permettrait d'obtenir la paix spirituelle en amenant à votre conscience le cheminement que ces gens vous ont apporté dans votre vie. Voici l'exercice que nous vous proposons.

En remerciement aux grands maîtres qui ont croisé votre route

Trouvez-vous un endroit tranquille pour méditer.

Assoyez-vous confortablement.

Concentrez-vous sur votre respiration.

Prenez le temps de ressentir le bien-être qui s'établit en vous.

Demandez à vos guides et à vos anges gardiens de vous accompagner dans ce processus de remerciement.

Amenez à votre conscience les situations où un grand maître vous a livré ses apprentissages.

Demandez à ce que les images qui vous viennent à l'esprit vous amènent la paix et la sérénité, puisque vous êtes prêt à offrir le pardon à vous-même et à ce grand maître.

Demandez à comprendre ces apprentissages et leurs vérités.

À chaque prise de conscience, remerciez ce grand maître pour l'enseignement prodigué et remerciez-vous d'avoir accepté celui-ci pour retrouver la paix et la sérénité.

Poursuivez cette méditation pour chaque image et chaque prise de conscience l'accompagnant.

Une fois ce processus terminé, remerciez-vous de vous être offert ce moment d'amour de vous-même et remerciez ce grand maître pour tout l'amour qu'il vous a prodigué.

Remerciez vos anges et vos guides pour leur appui et leur soutien dans cette démarche de remerciement.

Pouvez-vous poursuivre au sujet de l'amour de soi ?

L'amour de soi est une attitude, une manière d'être. L'exercice que nous vous proposons vise à établir cette manière d'être en offrant le pardon à vos grands maîtres et, surtout, en vous accordant le pardon à vous-même en ce qui concerne vos limites et vos possibilités.

Parfois, vous aimeriez en faire davantage, donner plus, mais l'amour de soi implique le respect de soi et de ses limites. L'amour de soi ne doit pas venir du regard des autres mais du regard que l'on porte à l'intérieur de soi.

Comment fait-on pour s'offrir ce regard procurant l'amour de soi ?

Soyez vous-même et écoutez les nombreux signaux que vous envoie votre corps. Prenez soin de chercher la cause de ces signaux et prenez aussi le temps de vivre. Faites des pauses, des temps d'arrêt.

Le 18 mars 2004

J'ai vécu un événement déstabilisant : deux annulations de rendez-vous coup sur coup. Que dois-je faire ?

Souhaitiez-vous ces annulations ?

D'une certaine manière, oui, car je ne voyais pas comment j'aurais pu offrir un soutien adéquat à ces clients en raison du temps que me demande une autre personne.

N'est-ce pas là le pouvoir de la pensée créatrice ? Offrir ce qu'il y a de mieux selon les circonstances à qui en ressent le besoin.

Je n'avais pas vu la situation sous cet angle.

Comment vous sentez-vous présentement ?

Je vis une période de doute face aux choix à faire dans le but de vivre l'amour de soi-même. Il y a cette préoccupation financière qui revient sans cesse... Pourtant, j'ai demandé et désiré ce qui se passe. La providence devrait être de la partie, d'autant plus que les actions posées ont été réalisées avec le cœur. Il est impossible que cela ne fonctionne pas!

Nous comprenons vos doutes et votre colère. Sachez que cette situation financière est temporaire. Elle vous permet de faire un apprentissage sur l'importance de remercier la vie et d'apprécier ce que vous avez.

Cet apprentissage est très difficile et je ressens beaucoup d'insé- curité.

Croyez en vous et en votre force! Nous sommes là pour vous épauler et prendre soin de vous. Faites-nous confiance et poursuivez votre cheminement.

Le 25 mars 2004

Ce matin, je serais restée couchée pour ne pas vivre cette jour- née... Je sentais une grande lassitude.

D'après vous, d'où vient cette lassitude?

Après avoir fait l'exercice des grands maîtres à quelques reprises, j'ai constaté que j'assumais des responsabilités qui ne m'appar- tenaient pas. Ne serait-ce pas à cause d'une transformation très importante que je vis actuellement?

En effet, vous êtes en train de passer de la négation à l'acceptation de votre plein potentiel, de l'absence d'amour de vous-même à l'amour de vous-même.

Vous croyez?

Ce que nous croyons a peu d'importance en comparaison du cheminement que vous vivez actuellement. Vous avez accepté de suivre votre voie, celle qui vous mènera à votre véritable bonheur et à votre plein potentiel. Pourquoi pensez-vous toujours à cette personne?

J'évalue ma responsabilité par rapport à la sienne. Où est la frontière entre les deux?

Si vous voulez savoir si vous avez bien agi, demandez-le à votre cœur.

La réponse est évidente!

Maintenant, nous aimerions poursuivre la conversation avec vous.

D'accord.

Qui sommes-nous?

Vous êtes des anges gardiens, des guides placés sur notre route pour nous aider à cheminer. Cet aspect mystérieux est réconfortant et agréable. Je n'irais pas jusqu'à dire que vous êtes des extraterrestres même si je crois qu'il existe d'autres types de vie dans l'Univers.

Ne croyez-vous pas que nous pourrions être des extraterrestres? Ce mot signifie: une vie à l'extérieur de la terre. Eh oui, il y en a une!

Est-ce celle où je vois plusieurs châteaux collés les uns sur les autres et où le temps est gris? Cette image représente l'idée que je me fais de la Source, cet endroit contenant toutes les réponses dont j'ai besoin.

Nos origines proviennent de cette même source. Cependant, nous revêtons des formes différentes selon le rôle que nous devons jouer sur le plan de l'évolution de la planète.

Donc, vous n'êtes pas des extraterrestres ?

Nous sommes des êtres situés dans l'autre dimension pour vous apporter du soutien et du réconfort au cours de votre évolution.

Pourquoi est-il possible de vous voir assis autour de la table où nous discutons ? Pourquoi j'aime y être présente et sentir votre présence ?

Nous sommes venus vous livrer les messages d'amour et de paix que les gens ont besoin d'entendre pour poursuivre leur évolution. Grâce à votre capacité à vulgariser et à vos qualités d'oratrice, vous saurez rendre accessibles ces notions complexes. Vous saurez les rendre relativement simples. Ce n'est pas une question d'évolution mais de rôle à remplir.

Vous voulez dire que le fait que l'on vous ressente, chacun à notre manière, dépend du rôle que nous sommes venus jouer sur terre ?

En effet. Chaque être a sa propre place et sa propre évolution. Ce n'est pas plus, ce n'est pas moins ; c'est, tout simplement. C'est ce que nous entendons par être : cet état magnifique de présence à soi dans l'instant présent, dans le plus profond respect et don d'amour inconditionnel.

Il est très agréable d'être en contact avec vous. On y prend vraiment goût. Est-il possible d'être constamment en contact avec vous ?

Oui, il est possible d'être toujours en contact avec nous. Cependant, assurez-vous d'avoir le maximum de repos et de sommeil pour éviter une baisse d'énergie.

Surprenant! On ne reçoit pas constamment de l'énergie lorsqu'on est en contact avec vous?

C'est effectivement le cas. Cependant, il importe pour vous d'assimiler les différents apprentissages pour être en mesure de comprendre ceux à venir, et tout cela dans un juste équilibre. C'est ce qui importe.

Parfait. Pouvons-nous poursuivre l'écriture sur l'amour de soi?

Qu'aimeriez-vous savoir d'autre?

Quand savons-nous que nous vivons l'amour de soi de manière honnête et franche?

Vous le vivez dès le moment où vous prenez le temps de vous écouter, d'écouter vos besoins, de prendre soin de vous.

Ce n'est pas toujours facile! Je n'ai qu'à observer ce qui s'est passé dans ma vie depuis quelques jours pour constater que j'étais loin d'être à l'écoute de mes besoins. J'étais souvent dans les souliers de quelqu'un d'autre, si je peux dire. Il m'est donc difficile de reprendre mon énergie.

Lâchez prise!

Que voulez-vous dire?

Lâchez prise par rapport à ce qui s'est passé! Ce qui est arrivé est arrivé, et cela vous a sûrement permis de cheminer beaucoup.

En effet. Malgré l'impression d'une absence d'écoute, il y a eu une prise de position à l'égard des autres. Cela va me permettre de mieux les aider tout en restant dans mes souliers. Par cette expérience, j'ai trouvé le juste milieu.

Nous vous félicitons et nous vous remercions d'être de nouveau à l'écoute de vous-même. Vous faites parfois quelques détours, mais l'important est que vous reveniez sur votre chemin, celui de l'amour de soi, celui du véritable travail de la lumière.

La recette est très simple : pour entamer un travail d'amour et de lumière autour de soi, il suffit de s'aimer. Ce travail a même un impact dans l'Univers. C'est d'une facilité déconcertante !

Qui a dit que cela devait être compliqué ? Est-ce vraiment nécessaire ?

Le 26 mars 2004

On effectue de grands pas au moment où on s'y attend le moins.

Nous sommes de votre avis. Que s'est-il passé de particulier hier soir ?

J'ai pris un bain de boue énergisant. J'avais peur d'y entrer, car il me rappelait le lac où j'allais me baigner quand j'étais petite, où il y avait beaucoup de sangsues. J'ai pris une grande respiration et je me suis glissée dans l'eau. J'ai pris le temps de relaxer. Mais j'ai encore une crainte des sangsues même si elle n'a pas de fondement dans ce contexte. Alors, j'ai décidé de vivre cette peur plutôt que de l'ignorer[7].

---

7. Voir l'exercice présenté au chapitre 1 : Prise de contact avec la peur, votre conseillère.

En invitant ce sentiment chez moi, j'ai pris contact avec une vieille blessure, celle d'avoir été violée par un homme. Je me sentais coupable et responsable de ce viol, au point où j'ai essayé de me faire croire qu'il ne s'était jamais produit. Et je m'en voulais tellement de ne pas avoir réagi en lui demandant d'arrêter ou encore en criant à tue-tête !

En poursuivant le cheminement avec mon amie, la peur, j'ai constaté que je n'étais pas responsable de ce viol puisque je ne l'avais pas désiré. À 8 ans, il est impossible d'avoir un tel désir. Et je vous ai entendu me dire ceci : « La responsabilité appartient à cet adulte qui a abusé de toi. Il ne devait pas faire ce geste. Il n'avait pas le droit. Il a violé ton intimité et il a ainsi pris une partie de toi. » Vos paroles ont engendré une lumière intense de guérison à l'intérieur de mon être, qui a permis que cette prise de conscience sur la responsabilité gagne les autres facettes de ma vie.

Expliquez-nous.

En ne voulant pas vivre cette peur, je refusais de voir à qui appartenait la responsabilité d'un tel geste. À la suite de cet événement, j'ai vécu ma vie en assumant les responsabilités des autres. À la longue, elles deviennent lourdes à porter. Maintenant, je sais où ma responsabilité commence et où celle de l'autre débute. Je serai donc en mesure de dire aux autres, d'une manière subtile et délicate, de reprendre leurs responsabilités.

Je réalise l'importance du cheminement vécu par les gens autour de moi. Ils m'ont permis d'entrer en contact avec la notion de responsabilité afin de comprendre celle relative au viol. Je me sens bien et tellement soulagée ! Je ressens que la *paix et le «par don» d'amour envers cet homme est enfin possible.*

Connaissez-vous la cause de cette prise de conscience, de cette nouvelle volonté de pardonner?

Non.

L'amour de vous, de ce que vous êtes, vous a permis de vivre un tel cheminement. Il n'y a que l'amour de soi pour assurer une telle prise de conscience. Le viol est un acte ayant des répercussions très importantes sur les plans physique, psychologique et spirituel. Pourquoi avez-vous choisi de vivre cette blessure avant même de naître?

Pardon? La responsabilité de cet acte appartient à cet homme.

Nous croyons effectivement que vous n'en êtes pas responsable. Cependant, vous avez choisi de vivre un apprentissage de cette façon alors qu'une autre personne le vivra d'une autre manière. Pourquoi cette manière et dans quel but?

Je n'en ai aucune idée.

Durant vos anciennes vies, vous avez été accusée, à tort, d'événements ne vous appartenant pas. Vous avez même perdu la vie sur un bûcher parce que vous sauviez des vies à l'aide de plantes médicinales. Pourtant, vous apportiez un bien énorme. Malheureusement, une guérison ne s'est pas passée comme elle aurait dû et une personne en est morte. On vous a alors accusée de l'avoir tuée alors qu'il n'en était rien. Cette personne avait choisi de mourir et vous ne pouviez rien y faire. Évidemment, le climat de l'époque et le système judiciaire ont fait en sorte que vous avez été accusée et brûlée. C'est l'expérience la plus marquante sur la responsabilité dans l'ensemble de vos vies.

Il est sûr qu'à l'intérieur des autres vies, vous avez fait face aux limites de vos responsabilités et à celles des autres. Même au combat, comme chevalier, vous vous sentiez responsable de l'ennemi. On vous a accusée de trahison pour avoir donné des informations alors que vous espériez seulement qu'il y ait le moins de massacres possible. L'issue de ce combat n'était pas de votre ressort. Chaque personne vivant sur terre choisit sa voie, son cheminement. Vous n'y pouvez rien.

Mais revenons à votre vie actuelle. Vous avez choisi de vivre cette expérience du viol pour connaître le sens des responsabilités. Vous aviez très hâte de vivre cet apprentissage puisque vous n'aviez que huit ans lorsqu'il est survenu, mais vous ne le faites que maintenant.

Vous aviez la responsabilité d'accepter cet apprentissage, mais vous l'avez refusée pendant de nombreuses années. Il est vrai que le contexte et les gens qui vous entouraient ne favorisaient pas du tout cette prise de conscience. Mais, là encore, vous étiez entourée de ces gens par choix. Vous vouliez que cet apprentissage vienne uniquement de vous. Alors, vous avez choisi des parents, des amis et des collègues de travail en conséquence.

Maintenant qu'il est fait, vous ressentez une immense libération et vous ne vous voyez plus comme une victime. Vous serez très proactive et positive. Les gens auront envie de partager votre esprit positif et vos rayons de soleil. Maintenant, vous savez que vous n'êtes pas responsable des gestes des autres; vous ne vous sentez donc plus coupable d'agir. Vous vivrez intérieurement un nouvel apprentissage sur la manière de voir la vie.

Vos paroles me permettent de comprendre d'où vient la prise de conscience que j'ai faite ce matin.

Nous vous écoutons.

Je parle de l'origine de la culpabilité d'être heureuse et sereine dans mon choix de carrière et dans ma manière de le vivre. En me sentant responsable de tous, je ne pouvais pas croire que j'avais droit au bonheur si les gens autour de nous n'étaient pas heureux. Merci de votre aide. Cette conscientisation me procure une joie intense.

Nous vous félicitons, chère enfant! Profitez de cette joie, de ce bonheur retrouvé. Au plaisir!

Le 29 mars 2004

Pourquoi certaines personnes rendent-elles les autres responsables de leurs malheurs? Pourtant, elles n'ont personne d'autre à blâmer qu'elles-mêmes.

Croyez-vous être responsable de ce qu'elles vivent?

En partie.

Est-ce parce que vous avez trouvé une réponse à vos malheurs que vous cherchez maintenant à donner et à vivre la réponse à la place des autres?

Pouvez-vous vous expliquer?

Vous avez cherché une réponse aux événements de votre vie. Maintenant que vous avez trouvé, vous désirez que personne d'autre ne vive ces situations qui ont été si difficiles pour vous. Réaliser que l'on est l'artisan de ses malheurs est très difficile à supporter. Rappelez-vous les périodes de changements qui ont eu lieu dans votre vie.

On prend donc les problèmes des autres sur son dos au lieu de les laisser vivre ce qu'ils ont à vivre... Ça a beaucoup de sens. Mais pourquoi agit-on ainsi ?

Pour se faire aimer, tout simplement. En offrant tout cet amour, vous espérez qu'en retour vous en recevrez autant, mais ce n'est pas le cas. Vous ne recevez pas ce que vous attendez et vous êtes donc déçue et même amère. Parfois, la réaction des gens vous surprend. Non seulement ils ne vous donnent pas l'amour que vous désiriez, mais ils cherchent à vous déstabiliser, à vous transmettre leurs problèmes et leurs difficultés. Ils veulent que quelqu'un d'autre porte leur fardeau.

Vous avez si facilement établi ce type de relation qu'ils ne font que poursuivre ce que vous avez commencé. Aimer ne veut pas dire s'oublier et ne plus être soi-même, être à l'écoute de l'autre plutôt qu'à l'écoute de soi et chercher l'amour dans les yeux de l'autre... L'amour, le vrai, doit venir de soi en premier lieu. Il est la source de l'abondance, de la prospérité, de la spontanéité. Sans cet amour de vous-même, la roue de la prospérité ne peut survivre.

La période de transition que vous vivez est un apprentissage de l'amour de soi et de la confiance en soi, la source du véritable bonheur. C'est la base essentielle pour que l'ego ne vienne pas fausser vos perceptions et vos facultés. Quand vous vous offrez l'amour de vous-même, vous n'avez plus besoin du regard des autres pour être. Ainsi, vos gestes ne sont pas faits en fonction de ce que vous récolterez mais en fonction de ce que vous êtes et de ce que vous désirez. Voici une réflexion à méditer pour vous aider à cheminer dans cette voie.

Réflexion : la réponse à l'amour de soi se trouve à l'intérieur de vous !

L'amour de nous-mêmes ne provient pas du regard que l'autre porte sur nous mais du regard que nous posons sur nous-mêmes.

Ce regard doit être une source de compassion et d'amour.

Il doit être juste et équitable, en fonction de l'être que vous êtes et non en fonction de ce que vous désirez être.

Ainsi, il fera jaillir une source intarissable de créativité, de potentiel et de découvertes.

Serait-il opportun de faire un exercice pour cultiver l'amour de soi, comme on s'occuperait d'un jardin où l'on cultive ses légumes et ses fruits ?

Nous aimerions que vous trouviez cet exercice par vous-même afin qu'il soit vraiment adapté à vos besoins, car la source de l'amour de soi peut différer d'une personne à l'autre.

Le point de départ de l'amour de soi n'est-il pas la vie intérieure ?

Effectivement ! Cependant, l'élément déclencheur de la prise de contact intérieure dépendra des expériences d'une personne. Si vous le désirez, nous pouvons vous accompagner dans la création de cet exercice.

Merci de votre aide !

Comment établir l'amour de soi[8]

Trouvez un endroit confortable, où il vous est possible de méditer et de prendre soin de vous.

Prenez le temps de respirer profondément et de sentir vos inspirations et vos expirations.

Visualisez que vous êtes relié à l'énergie céleste par le chakra de la couronne et à l'énergie terrestre par le chakra de la racine.

Imaginez une situation où vous avez vécu l'amour de vous-même, l'amour de tout votre être.

Prenez le temps de ressentir le bien-être que vous a apporté cette situation.

Rappelez-vous que cette énergie de bien-être est la source de l'amour de soi.

Imaginez que cet amour, cette énergie emplit votre corps de la tête aux pieds. Des vibrations et une intensité devraient se faire sentir au niveau de votre chakra du cœur.

Une fois cette énergie déployée à l'intérieur de vous, imaginez une situation où vous avez l'impression que l'amour de vous-même n'est pas présent.

Visualisez cette situation et laissez les images surgir à votre esprit.

Par amour, acceptez ces images. Si certaines sont difficiles, rappelez-vous que vous êtes à l'intérieur d'une énergie d'amour. Acceptez leurs enseignements et leurs vérités.

---

8. Cet exercice provient de mon expérience et des commentaires apportés par mes guides. Il importe de l'adapter ou de le changer pour qu'il corresponde à vos besoins.

Remerciez-les pour ce qu'elles vous font découvrir. Ces images vous amènent en douceur à l'amour de vous-même. Prenez le temps de respirer et de sentir l'amour vibrer en vous.

Lorsque la diffusion d'images aura cessé, remerciez-vous de vivre ce merveilleux moment d'amour envers vous-même.

Faites cet exercice aussi souvent que nécessaire pour établir, de manière définitive, votre amour de vous-même.

Cet exercice permet de voir que l'on fait souvent des gestes dans le but d'obtenir l'approbation des autres : il y a alors une vérification continuelle de ses ressentis, un besoin d'être félicité et remercié pour poursuivre sa route et une recherche continuelle d'un regard approbateur pour croire en son potentiel. Tout cela déclenche une spirale d'énergie dont le but est d'obtenir l'amour de soi. Mais plus elle se développe, plus elle nous éloigne de nous-mêmes et moins l'amour de soi est présent.

Nous sommes heureux de votre découverte. Nous aimerions à présent attirer votre attention sur le doute. En doutant de vous, de vos capacités et de votre potentiel, ce n'est pas à l'autre que vous faites du mal, mais à vous-même. En laissant une telle spirale vous envahir, vous reniez ce que vous êtes. Pourtant, vous avez toujours souhaité développer votre plein potentiel.

Moi, Sofia, je crois qu'il importe que vous ne doutiez pas de vous. Dans notre dimension, nous n'avons pas besoin de votre accord, de votre confiance, de votre regard approbateur pour agir. Nous sommes ce que nous sommes. Nous fonctionnons selon ce principe de base : être soi-même. Nous ne sommes pas présents uniquement lorsque vous entrez en contact avec nous. Nous existons en dehors de vous, par nous-mêmes ! Nous vous remercions de bien vouloir entendre nos messages. Nous espérons que vous respecterez vos limites et votre volonté.

Votre compréhension est touchante et réconfortante. Vous vibrez d'amour inconditionnel. Merci d'être là et de m'aider à comprendre et à respecter cet aspect humain un peu moins ensoleillé que d'autres.

Nous croyons, au contraire, que vous venez d'apporter du soleil dans cette partie de vous que vous ne voyiez pas. Nous savons que vous êtes très exigeante envers-vous même. Il est temps que vous fassiez le plein. Nous nous occuperons de vous aider au moment opportun. Ayez confiance dans la providence.

Donc, il y a lieu de se donner la priorité et de faire uniquement ce que l'on aime et ce que l'on désire pour se ressourcer.

Que faites-vous des gens qui ont besoin de vous, de votre énergie pour grandir ?

Ne doit-on pas prendre soin de soi, en premier lieu, avant même de penser à s'occuper des autres ?

C'est ce que nous croyons aussi. Nous voulions simplement vérifier la motivation qui se cache derrière ce retour à soi. Nous voulions nous assurer qu'il n'était pas motivé par la peur ou par une crainte.

C'est une excellente question. La peur est présente, mais la raison prioritaire demeure l'amour de soi. Quand on s'aime, on prend le temps de faire ce que l'on désire, ce qui nous plaît au plus profond de notre cœur.

Nous sommes heureux que vous retrouviez votre confiance sur le plan du cœur. Nous souhaitons que vous ne vous jugerez pas trop sévèrement pour cette période de transition. Nous espérons que vous saurez vous offrir l'amour de vous-même. Alors, l'abondance sera de nouveau sur votre route. Assurez-vous cependant d'accepter l'abondance sous toutes ses formes, avec amour, respect et reconnaissance. Prenez le temps de vous remercier. Les remerciements sont très importants sur la route de l'abondance.

Même quand cela ne se passe pas comme prévu ?

Qu'en pensez-vous ?

Chaque événement qui arrive obéit à une loi de l'équilibre. Donc, il est nécessaire de se remercier même si le résultat n'est pas celui escompté.

En effet. Nous vous demandons de poursuivre cette démarche à la découverte de vous-même. Acceptez de vous rendre jusqu'au bout, n'arrêtez pas en chemin ! Ainsi, l'abondance totale sera au rendez-vous.

Le 29 mars 2004, dans l'après-midi

À trop chercher l'abondance financière, on oublie l'abondance dans son sens le plus large. Faire une promenade à l'heure du dîner par un temps sublime est une forme d'abondance, tout comme avoir un horaire de travail où la détente a toute sa place. Ce genre d'horaire est une manifestation directe de l'amour de soi.

Effectivement, l'amour de soi se vit aussi sur le plan professionnel. Pourquoi vous empêchiez-vous de le vivre à cet égard ?

En raison de la volonté de faire plaisir et de rendre service. C'est une excellente justification aux horaires de travail insensés, au stress constant, voire oppressant, et à la performance à tout prix au détriment de sa santé. Pourquoi vivre un tel supplice si la volonté de faire plaisir aux autres n'était pas présente ?

Avez-vous réussi à tenir le coup ?

Pendant une longue période, oui. Mais, à la longue, les nerfs étaient plus fragiles, d'où un manque de patience. Faire plaisir n'était plus suffisant pour justifier de telles conditions de travail. Alors, la recherche d'autres sources de motivation a débuté. Ce n'était guère évident.

Croyez-vous que vous étiez sur la bonne voie ?

Oui, puisque la recherche d'une motivation au travail s'est transformée en une réflexion sur l'amour de ce travail. Un certain temps s'est écoulé avant que je veuille entendre la réponse. J'aime ce travail en raison des nombreux contacts qu'il nécessite et non pour ce qu'il représente. Il m'a permis de développer une grande facilité d'apprentissage et d'adaptation et une logique incroyable.

Ce sont de très belles qualités, qui vous permettront d'exceller dans le domaine de votre choix.

Vos paroles engendrent une prise de conscience. Depuis mon entrée à l'université, je garde le même objectif : être une vulgarisatrice. J'ai ce besoin de simplifier des éléments très complexes par l'utilisation de nombreuses images tenant compte du cadre de référence de la personne. Croyez-vous qu'il est possible d'être une vulgarisatrice sur le plan spirituel ?

Pourquoi ce doute ? Nous aimerions vous dire que vous agissez de bonne foi et que votre manière d'aborder la spiritualité, qui est différente des autres, aidera beaucoup de gens. Donc, cessez d'en douter !

Donnez-vous le temps de vivre les changements en cours sur le plan de votre être et de les assimiler, avec le lot d'incertitudes qu'ils comportent. Constatez chaque jour le cheminement que vous avez effectué. Profitez de chaque étape et de chacun de vos apprentissages.

Puis vous réaliserez, un bon jour, que vous avez atteint le but vers lequel vous cheminiez. Il vous faut simplement accepter que le tout se passe sans bouleversements ni brusquerie. Dites-vous que cette fois, vous n'avez pas le contrôle de la situation et que c'est grâce à cela que vous pouvez lâcher prise et vous abandonner à ce que vous êtes comme personne, pour vivre enfin l'amour de vous-même.

Grâce au rayonnement de votre amour, vous pourrez aider les gens. Ils verront ce que peut faire l'amour de soi dans une vie autre que la leur et commenceront alors un travail d'amour sur eux-mêmes. Dès lors, le travail de lumière pourra débuter à une grande échelle.

N'est-il pas marginal, ce travail de lumière ? Les gens désirent-ils entamer un tel changement ?

Peu importe qu'ils le veuillent ou non. L'importance doit être accordée à la conscience du bien-être que procure une telle démarche. S'offrir l'amour de soi apporte le divin en soi et donne un sens à la vie. Il importe toutefois de respecter le chemin qu'une personne désire parcourir pour prendre contact avec l'amour d'elle-même. Une fois celui-ci atteint, elle sera en mesure d'offrir l'amour de l'autre dans une conscience totalement nouvelle et universelle, entraînant ainsi le travail de lumière.

Qu'entendez-vous par là ?

Le travail de lumière, ce sont les gestes faits en accord total avec l'être. Cet accord résulte du respect de l'être et de l'amour de soi qu'il se porte en les faisant. Ainsi, ces gestes ont une portée énergétique très forte, comparable au lancer d'une roche dans l'eau. La roche représente le geste fait avec beaucoup d'amour de soi par un être. Une fois celle-ci lancée dans l'eau, elle fait des cercles d'énergie de plus en plus grands. Ces cercles constituent les rayons de lumière et d'amour qui atteignent chaque personne se trouvant sur leur passage.

Voilà pourquoi le changement chez une personne suscitera tant de changements dans son entourage. Cette force amène à vivre l'amour de soi et le lâcher-prise. Cela peut prendre un cercle ou des milliers de cercles avant que quelqu'un décide de changer. Le nombre de cercles importe peu. L'important, c'est qu'à un moment donné la personne décide de changer. Plus elle attendra avant d'effectuer un changement, plus l'impact de celui-ci sera important.

Nous nommons travail de lumière les cercles d'énergie qui émanent d'un changement provoqué par l'amour de soi. D'où l'importance de le vivre. Nous savons que vous avez une fausse conception de l'amour de soi. Vous le définissez comme de l'orgueil ou de l'égoïsme. Comment peut-on définir l'amour de soi comme de l'égoïsme lorsqu'il en résulte un travail de lumière si fort chez les autres ?

Nous définissons l'égoïsme comme l'absence d'amour de soi. L'égoïste recherche son propre bonheur chez les autres. Il cherche à tout prix à se comparer aux autres afin de connaître sa propre valeur et sa propre essence ; il se sent ainsi valorisé. Il désire constamment se voir dans le miroir que lui renvoient les autres. Il ne cherche pas à se voir tel qu'il est.

Nous vous invitons à croire que l'amour de soi n'est pas fondamentalement égoïste. Il est fondé sur le respect de soi-même et des autres. Il est possible de s'aimer sans être égoïste, si on accepte de partir à la découverte de son vrai Moi et non celui que nous aimerions que les autres nous transmettent.

C'est la première fois que j'entends une telle définition de l'égoïsme. Un retour vers soi n'est-il pas égoïste en raison de l'impact qu'il a sur les gens autour de soi ?

C'est justement en raison de son impact que nous disons que sa motivation profonde provient de l'amour de soi. Vous demande-t-on de ne pas faire le travail que vous aimez ? Vous demande-t-on d'arrêter de faire des choses qui vous font plaisir ? Voyez-vous des gens changer autour de vous à la suite de votre démarche ?

Mon conjoint reste convaincu du bien-fondé de ma démarche et il est très heureux de me voir réaliser un rêve. Cela me fait réaliser que je ne lui apporte pas le même soutien.

Qu'avez-vous fait au cours des dernières années ?

Je suis demeurée près de lui pour le soutenir dans ses démarches.

Alors, vous avez votre réponse. Ce que vous avez fait pour lui a créé des cercles d'énergie qui vous reviennent. Il est temps pour vous d'accepter cette abondance et tout cet amour. Prenez-le, mordez dedans ; cela vous fera le plus grand bien.

Il est sûr que vous pouvez lui rappeler combien vous êtes fière de ce qu'il réalise et qu'il traverse une période de forte croissance.

Il est impressionnant de voir le nombre de gens qui désirent ouvrir leur cœur et ainsi donner un sens à leur vie. Ils commencent leur démarche spirituelle en faisant l'expérience d'un vide profond à la suite d'un événement majeur. Par la suite, ce vide laisse place à un processus de prise de contact avec soi qui entraînera une véritable paix intérieure.

Ce contact avec soi s'appelle le divin en soi. C'est par son contact qu'on peut vivre l'amour de soi, être ce que l'on est dans toute son essence et sa spécificité.

Serions-nous prêts pour une autre destination ?

Oui, la découverte de l'abondance sous toutes ses formes.

Chapitre 5

L'abondance

Le 30 mars 2004

Avez-vous des ressentis comme nous ? Vous arrive-t-il de vous mettre en colère, d'être fâchés, d'avoir de la peine ?

Nous ne ressentons pas les mêmes choses que vous, mais, de manière générale, nous dirions qu'il y a beaucoup de similitudes. Les ressentis ne sont pas les mêmes, mais ils ont le même impact.

En raison de votre grandeur d'âme, on serait porté à croire que vous vivez uniquement dans l'amour inconditionnel, dans une pure énergie de lumière. Ainsi, vous ne ressentez aucun sentiment négatif ou positif puisque vous êtes directement connectés avec la Source.

Il ne faut pas nous mettre sur un piédestal. Nous avons passé par l'étape de la vie humaine avant de devenir des entités de lumière. Nous avons en mémoire des apprentissages effectués sous la forme physique. Sachez qu'ils furent les plus intenses et les plus mémorables. Maintenant, par l'entremise de notre rôle d'entité de lumière, nous ressentons différemment et sur un autre plan.

Quel est votre rôle ?

Nous préparons les gens qui veulent entrer en contact avec nous à cette vie qui est la nôtre. Nous souhaitons qu'ils vivent une expérience heureuse lorsqu'ils feront la transition dans cette nouvelle vie.

Vous parlez de cette vie qui suivra notre mort.

La mort ne doit pas être vue comme une fin en soi, mais comme une étape d'un état vers un autre. Nous dirions même d'un type de vie vers un autre. Nous aimerions amener à votre conscience que l'ensemble des expériences se vit beaucoup plus rapidement sur terre que dans notre monde, où le temps n'existe pas. Nous souhaitons que les gens soient conscients, avant même de mourir, de ce qui leur reste à réaliser.

Que voulez-vous dire ?

Chaque personne sur terre a un objectif de vie, qui est si important que l'âme a décidé de se réincarner sous la forme physique malgré le choc et l'intensité que peut représenter la naissance. Cet objectif de vie a des corollaires et donc une multitude de ramifications.

À la suite de la naissance physique et au début de la vie, l'âme est souvent laissée pour compte. Pourtant, elle cherche à entrer en contact avec l'humain qui la porte. Parfois, ce contact se réalise uniquement au cours du passage de la vie terrestre à la vie dans l'autre dimension.

Nous constatons que cette prise de contact cause beaucoup de souffrances, car l'âme, l'esprit et le corps prennent conscience qu'ils ont oublié leur objectif de vie, qu'ils n'ont pas réalisé ce qu'ils étaient venus faire sur terre ou ils n'ont réussi qu'en partie.

Nous souhaiterions que les gens prennent contact avec leur âme et leur objectif de vie avant de mourir. C'est avant leur mort qu'il leur est possible de modifier leur existence afin de vivre les expériences donnant lieu à la réalisation de leur objectif de vie sur terre. Nous ne désirons pas imposer un temps ou un âge quelconque pour la réalisation de cet objectif, mais nous leur proposons de prendre contact avec l'âme le plus rapidement possible pour s'assurer que la vie qu'ils mènent est celle qu'ils ont choisie avant même de naître.

Cette prise de contact peut entraîner de nombreuses surprises, des lâcher-prise et des abandons, mais vous n'êtes pas seul dans ce processus. Nous sommes là pour vous aider. Chacun de vous possède des guides et des anges gardiens pour vous aider à le vivre.

Cette prise de contact consiste-t-elle en la fusion du corps, de l'âme et de l'esprit, que l'on nomme parfois la Trinité?

Pas tout à fait. La fusion du corps, de l'âme et de l'esprit permet d'accéder à un potentiel immense de connaissances, situé directement à la Source. Cette fusion n'est pas nécessairement un objectif en soi et elle n'est pas une nécessité pour tout le monde. Seules quelques personnes ont choisi de se connecter à la Source pour transmettre aux humains des connaissances jusqu'alors inaccessibles.

C'est ce qu'on appelle être un canal direct avec la Source afin de transmettre savoir et connaissances dans le but ultime d'aider la race humaine. C'est un aspect de la fusion du corps, de l'âme et de l'esprit. Peu de gens vivent la fusion de cette manière. Et ce n'est pas parce qu'ils ont manqué un processus ou qu'il leur reste des éléments à assimiler, mais tout simplement parce que ce n'est pas leur objectif de vie.

Alors, est-il possible de vivre une fusion du corps, de l'âme et de l'esprit? N'est-ce pas une finalité en soi?

Il est possible de vivre cette fusion sur le plan individuel. À ce moment-là, toutes les forces d'un être fusionnent pour n'en faire qu'une seule et unique, offrant un potentiel immense.

Cette fusion est accessible à chaque personne vivant sur cette planète. Elle procure la paix intérieure, la sérénité et l'abondance. Souvent, elle est vécue uniquement à la mort de la personne. Pourtant, il est possible de la vivre avant.

Comment ?

Il suffit de mettre en place les éléments amenant cette fusion. Alors, vous verrez jaillir un potentiel immense à l'intérieur de vous. Mais le plus important demeure la découverte d'un sens à votre vie par la réalisation de son objectif et, parfois même, par son dépassement.

Dans cet accomplissement, vous vivrez un bonheur constant, la paix et l'abondance sur tous les plans. Vous réaliserez que la vie vous choie et que vous êtes heureux d'être ce que vous êtes. Vous ne chercherez plus à vous comparer aux autres et ne les verrez plus comme une menace. Vous choisirez plutôt de transmettre cette lumière, ce feu sacré qui vous anime afin que votre ami, votre voisin, votre famille puissent à leur tour vivre ce changement dans leur vie.

Il y a donc deux types de fusion du corps, de l'âme et de l'esprit. La fusion chez soi entraîne-t-elle nécessairement la fusion à la Source ?

Effectivement, il importe de voir que la fusion individuelle entraîne la fusion avec la Source et offre ainsi le potentiel de connaissances nécessaire à la poursuite de l'objectif de vie. L'accès au type et au nombre de connaissances est toujours étroitement lié à celui-ci. Nous aimerions vous dire que chaque personne est égale aux autres puisque chacune a pour mission de réaliser son objectif de vie. C'est là le plus grand défi.

Beaucoup de gens préfèrent ne pas vivre ce changement ; pourtant, il est nécessaire pour donner un sens à sa vie, à son potentiel, à son abondance, à son bonheur. Nous aimerions vous dire qu'il existe un nombre impressionnant de professions, et il en va de même des objectifs de vie. C'est l'ensemble des professions qui assure un équilibre et une stabilité, et ce sont les objectifs de vie qui assurent un sens et une humanité au séjour vécu sur terre. Et vous, quel objectif de vie croyez-vous avoir?

Hum... Je me posais justement la question. La réponse me fait peur... Je me demande si je n'essaie pas de me valoriser ou de me croire supérieure aux autres. Dans la réalisation de mon objectif de vie, j'aimerais demeurer le plus humble et le plus simple possible. Je ne veux pas m'enfler la tête, perdre le nord, me gonfler d'orgueil. Je ne crois pas que ce soit nécessaire.

Nous sommes très surpris de vos peurs et de la façon dont vous cherchez à masquer votre objectif de vie. Vous sentez-vous coupable?

Oui. Être médium à cet âge est peu commun. Il pourrait sembler arrogant de livrer de tels messages et de véhiculer de telles informations. Qui suis-je pour prétendre être apte à divulguer ces connaissances?

Donc, vous ne faites pas de différence entre ce que nous sommes et ce que vous êtes. Vous confondez votre identité avec la nôtre.

Oui, c'est vrai. Mais comment faire autrement puisque l'information provient de vous? Allez-vous m'abandonner?

Nous aimerions vous dire que nous ne vous abandonnerons pas si vous ne vous abandonnez pas. Il importe que vous restiez constamment en contact avec vous-même pour que vous puissiez vivre cette fusion et vous rappeler quel est votre objectif de vie. D'ailleurs, c'était la question initiale. Quel est votre objectif de vie?

Mon rôle, sur cette terre, est de livrer les connaissances que vous me transmettez, chers êtres de lumière. Ces connaissances sont nécessaires à l'évolution de l'humain par la prise de conscience de son cheminement sur terre. Elles aideront des milliers de gens à évoluer à leur rythme en leur donnant de nouveaux outils et de nouvelles possibilités.

Ainsi, ils auront l'occasion d'évoluer à leur manière vers leur propre direction. Mon plus grand défi sera de rester humble et d'accepter les remerciements et les compliments non pour ce qu'ils apportent à mon ego mais comme un signe d'abondance, de joie et d'amour authentique et pur. Par cette description, j'ai l'impression de prétendre être un gourou...

Vous trouvez ?

Oui. Quelle est l'origine de ce malaise ?

Nous vous invitons à consulter vos anciennes vies.

Comment fait-on cette consultation ?

Vous avez simplement à le demander. Demandez d'entrer en contact avec vos anciennes vies afin d'amener à votre conscience l'apprentissage nécessaire pour accepter cet objectif de vie que votre âme désire réaliser.

Ne prend-il pas racine uniquement dans cette vie-ci ?

Dans ce cas, vous n'auriez pas la mémoire de vos anciennes vies. Vous entameriez votre cheminement avec celle-ci. Vous seriez la plus chanceuse des personnes d'accéder à ces connaissances dès votre première vie ! Nous croyons qu'une peur aussi profonde ne vient pas de celle-ci mais de vies antérieures.

Alors, que dois-je faire pour comprendre ce qui se passe et enfin passer à autre chose ?

Réalisez l'exercice qui suit.

Amener à la conscience les expériences des vies antérieures afin de comprendre le présent

Assoyez-vous confortablement, dans un endroit paisible et calme.

Concentrez-vous sur votre respiration.

Demandez d'entrer en contact avec vos anciennes vies afin d'amener à votre conscience l'apprentissage nécessaire pour accepter cet objectif de vie que votre âme désire réaliser.

Demandez à la sagesse de votre cœur de vous guider dans cette prise de contact avec vos vies antérieures.

Demandez à vos guides et à vos anges de vous accompagner dans cette démarche.

Demandez-leur de vous ramener si la souffrance était trop intense ou si les apprentissages étaient trop importants.

Toujours en étant consciente de votre respiration, demandez à ce que les enseignements de vos vies antérieures soient amenés à votre conscience afin que vous puissiez vous libérer et être dans le moment présent.

La source des images se trouve sur le plan de votre corps appelé astral. Il constitue le quatrième corps entourant votre corps physique. C'est là que vous devez puiser ces images.

Ne cherchez pas à influencer cette démarche. Laissez les images venir à votre esprit pour ce qu'elles sont et pour l'apprentissage qu'elles permettent.

Au fur et à mesure qu'une image apparaît, demandez qu'elle vous enseigne ce que vous devez apprendre et qu'elle vous libère de toute frustration, haine, peur ou colère.

Une fois l'apprentissage amené à votre conscience, remerciez-vous et remerciez vos guides pour cet enseignement.

Acceptez maintenant que cette crainte, cette rage, cette colère, cette peur et cette tristesse retournent à la terre sous forme d'énergie lumineuse, nourrissant ainsi toute vie sur terre.

Poursuivez ce travail jusqu'à ce que vous ne receviez plus d'images.

Vérifiez avec vos anges gardiens et vos guides si l'apprentissage nécessaire pour comprendre la réaction à cette situation est terminé.

Si la réponse est négative, c'est que vous devez poursuivre ce travail de recherche à l'intérieur de vous. Demandez à vos guides et à vos anges de vous appuyer.

Si aucune image ne vous vient, remerciez-vous en vous disant que vous avez commencé un apprentissage important et que vous allez le poursuivre demain.

Refaites le même exercice le lendemain. Si vous obtenez une réponse négative au sujet de la fin de l'apprentissage, refaites l'exercice autant de fois qu'il sera nécessaire pour que la réponse soit affirmative.

Ne vous découragez pas. Il peut arriver que l'intensité de l'apprentissage et des sentiments qu'il suscite soit si importante que votre corps ait besoin de les assimiler un à un. La libération en sera d'autant plus importante pour vous.

Quand vous obtiendrez une réponse affirmative, remerciez-vous pour ce merveilleux moment d'amour que vous venez de vous donner. Remerciez aussi vos anges et vos guides pour leur soutien au cours de cette démarche.

Le lendemain, prenez le temps de revoir la situation liée à ce nouvel apprentissage. Demandez-vous maintenant de quelle manière vous désirez le vivre et examinez les choix qui s'ensuivront.

Permettez-vous de vivre les ajustements nécessaires pour arriver à un parfait accord entre votre âme, votre corps et votre esprit.

À chaque essai, prenez le temps de vous remercier de vivre cette période de changement et de remercier les guides et les anges qui vous accompagnent sur votre route.

Cet exercice a permis de cerner la crainte d'être persécutée. Plusieurs anciennes vies ont été sous le signe de la persécution en raison des idées nouvelles et du discours qu'elles renfermaient. On croyait qu'un tel discours était le fruit d'un être possédé du démon, fou ou aliéné.

Ce discours n'était pas mauvais en soi, mais il n'était tout simplement pas adapté à l'époque.

Si j'avais plutôt utilisé mon énergie pour appliquer les enseignements prodigués chez moi, les gens auraient constaté la beauté de ces théories. C'est le cheminement personnel effectué pour améliorer le monde dans lequel on vit qui importe et non la croyance qu'une personne peut avoir en une théorie.

Nous vous avons demandé quelque chose à la fin de l'exercice...

Oui. De le refaire le lendemain pour vérifier le cheminement et le poursuivre.

Qu'avez-vous constaté sur le plan de l'abondance, ce matin?

Qu'elle était présente sans même que j'en aie conscience. L'abondance est souvent définie comme une grande aisance financière.

Pouvez-vous nous décrire ce que vous pensez maintenant de l'abondance?

Elle n'est pas uniquement financière. La réalisation d'un projet important avec vous est un grand signe d'abondance.

Donc, cette dernière se définit en termes de qualité de relations et d'échanges.

Effectivement. Il suffit d'être conscient de la possibilité de vivre des relations où l'abondance prime souvent. Celles où ce n'est pas le cas se termineront. On peut aussi accepter une relation à sens unique pour un certain temps en raison du soutien que cela apporte à l'autre.

Vous vivez dans l'abondance lorsque vous soutenez l'autre. Nécessairement, cette personne vous est reconnaissante pour votre écoute et votre dévouement. Cette reconnaissance est une preuve vivante de l'abondance. Aimeriez-vous partager avec nous d'autres exemples d'abondance?

Oui. La possibilité d'écrire ce livre dans un contexte merveilleux, dans un endroit où je me sens divinement bien. L'écoute de ma musique préférée m'apporte du réconfort dans mes démarches. J'ai la possibilité de me reposer en regardant un décor magnifique. J'ai des amis disponibles, un conjoint doux et aimant, et une famille chaleureuse m'apportent du réconfort. Que demander de plus ?

En effet, vous possédez l'abondance. Vous vivez dans un cadre où toutes vos forces, vos facultés et votre créativité peuvent se déployer. Peu de gens ont la possibilité de vivre dans un contexte aussi agréable. Réalisez-vous la chance que vous avez ?

Maintenant, je la réalise. Je remercie la vie de m'offrir la possibilité de grandir dans un contexte aussi agréable. Mais pourrait-on revenir à l'abondance financière ?

Pourquoi est-elle si importante à vos yeux ?

Simplement parce que des engagements financiers ont été contractés. Personne ne doit en subir les contrecoups.

Le fait que d'autres personnes vous aident ou s'occupent de régler ces comptes à payer n'est-il pas une forme d'abondance ?

Vous croyez ?

Ce que nous croyons importe peu par rapport à ce que vous croyez. Si vous refusez leur soutien en raison d'une fausse perception de la réalité, nous croyons que nous devons intervenir. Pourquoi refuseriez-vous l'aide apportée sur ce plan ?

Ce n'est pas compliqué. Il y a eu une mauvaise évaluation des dépenses par rapport aux revenus... Personne ne doit payer pour les erreurs des autres. Voilà pourquoi !

Nous trouvons cette attitude intransigeante et dure. N'y aurait-il pas lieu de voir cela autrement ?

Peut-être. Que suggérez-vous ?

Vous pourriez accepter de voir la situation telle qu'elle se présente.

(?)

Lorsque vous avez pris ces engagements financiers, pouviez-vous prévoir la tournure actuelle des événements?

Non, pas du tout. Le changement de domaine professionnel devait arriver beaucoup plus tard. Les engagements financiers ont été pris en conséquence.

Et si ce qui s'est passé n'était que ce qui devait se passer?

Que voulez-vous dire?

Ce qui s'est passé devait se passer ainsi, tout simplement. Si vous aviez attendu en juin pour prendre votre retraite de ce domaine professionnel, il vous aurait fallu beaucoup de temps pour récupérer de votre fatigue, due au fait que vous auriez été à l'encontre de ce que vous désiriez. Donc, vos projets auraient été retardés d'au moins une année. Je ne suis pas certain que cela aurait été mieux pour vous. Quel aurait été l'impact de ce retard sur votre moral et votre santé?

Qui parle?

Barthélemy. D'une manière exceptionnelle, j'ai pris la parole afin de vous rappeler la souffrance relative à votre vie, qui ne prenait pas le sens souhaité! Vous en étiez venue à douter de vous-même et de vos capacités. Vous ne faites que commencer à croire de nouveau en votre potentiel. Le ravage de six à huit mois supplémentaires aurait été plutôt catastrophique.

(Retour du message en tant que groupe). Nous avons acquiescé à votre demande de continuer à œuvrer à votre bonheur. Rappelez-vous le nombre de fois où vous avez souhaité vivre le bonheur lorsque l'horloge indiquait des chiffres identiques. Nous savions que cette demande provenait du plus profond de votre âme et nous espérions que vous accepteriez la route proposée. Nous avons fait en sorte que les gens rencontrés vous apportent le soutien et les ressources financières nécessaires pour y parvenir.

Nous connaissions l'importance de ce cheminement pour votre survie émotionnelle, mentale et, surtout, spirituelle. Nous ne souhaitions guère que vous effectuiez un retour en arrière en raison de l'investissement effectué depuis quelques années. Autour de vous, des gens ont aussi vécu avec les conséquences de leurs choix sur le plan financier. Nous avons toujours aidé ces personnes afin qu'elles atteignent leur objectif de vie même si elles en doutaient parfois.

Le principe de retour inclut-il aussi les erreurs de parcours?

Il faut cesser de croire que tout tourne uniquement autour de vous. Il existe une vie en vous, c'est vrai, mais aussi autour de vous. Cette vie est prête à vous offrir l'abondance si vous savez voir les événements et les situations dans une perspective globale.

Le fait que des gens vous aident financièrement leur rappelle combien il importe de se faire des réserves pour les périodes plus creuses. Cette aide leur rappelle aussi qu'il faut être prudent dans ses choix et ses décisions. Il faut savoir accepter l'abondance peu importent sa source et le but dans lequel elle vous est offerte. Voilà la loi de l'abondance financière.

Vous me ramenez à l'ordre!

C'est pour votre plus grand bien! Nous désirons que vous soyez heureuse. Nous souhaitons amener à votre conscience que l'abondance se trouve dans chacune des facettes de cette nouvelle vie que vous êtes en train de mettre en place.

C'est la plus belle des vies car c'est ma propre vie. Que de chance et de bonheur à vivre de tels moments privilégiés !

Ce ne sont pas seulement des moments privilégiés ; ce sont aussi des éléments qui constituent votre nouvelle vie. Ils ne sont pas appelés à disparaître mais bien à s'établir de manière définitive dans votre nouvelle vie dédiée au service des autres. Celle-ci ne signifie pas l'abandon de vous-même mais l'utilisation de votre vécu pour aider les autres à cheminer. Vos expériences, vos souffrances et vos apprentissages aideront beaucoup de gens autour de vous.

L'abondance perpétuelle sera au rendez-vous compte tenu des nombreux apprentissages effectués et à venir…

Il vous faut rester humble. Ce n'est pas la quantité d'apprentissages qui fera en sorte que vous aiderez tant de gens autour de vous, mais la manière dont vous avez choisi de les vivre. Beaucoup de gens n'ont pas appris à vivre sainement une situation et à voir son côté positif de façon à améliorer leur essence et à devenir plus grands sur le plan de leur vie intérieure.

De plus, vous rencontrerez des gens qui ont vécu des souffrances beaucoup plus importantes que vous en termes qualitatifs. Ils ne doivent pas vous éloigner de votre mission d'offrir aux autres le meilleur de vous-même en leur démontrant comment aborder les situations difficiles.

Vous êtes comme un plombier colmatant des tuyaux brisés, un menuiser réparant une chaise ou un horloger ajustant le mécanisme d'une montre. Les outils livrés aux autres seront parfois subtils, parfois évidents. Acceptez de livrer ceux dont les gens ont besoin sans égard à l'ampleur de la blessure, de la souffrance ou de l'apprentissage. Peu importe la réparation à effectuer, les outils utilisés seront toujours les mêmes. Ce n'est que le temps de la réparation qui variera d'une personne à l'autre.

Merci pour cet exemple. Il donne une image précise et claire du cheminement qu'une personne peut faire. Il est rassurant de voir que seul le temps varie d'une réparation à l'autre, quelle que soit son ampleur. C'est très positif. Votre demande de transmettre mes outils est surprenante, puisque la majorité d'entre eux proviennent de vous, chers anges et chers guides.

Parfois, il est préférable que nous conservions l'anonymat. C'est notre définition de l'humilité. Nous vous demanderons d'ailleurs, dans certaines circonstances, de conserver l'anonymat de vos sources pour être en mesure de faire passer le message. Peu de gens sont réceptifs à la présence d'une autre vie que la vôtre et à la possibilité de communiquer avec nous.

Il est important de dire la vérité en toute chose. Ces enseignements viennent de vous, de votre source, de votre intelligence, de votre pensée.

Nous vous demandons de ne pas le dire dès le premier contact et de le confier seulement à certaines personnes. À force de parler de votre travail, de livrer vos enseignements, vous en viendrez à un point où les gens développeront une confiance en vous et accepteront d'entendre que la source ne provient pas que de vous. Respectez les gens dans leur cheminement et dans leur vécu. Il serait dommage de brusquer un être et de retarder ainsi son cheminement de quelques années ou même de quelques vies.

C'est toute une responsabilité !

Nous le savons et nous croyons que vous êtes en mesure de tenir compte de la sensibilité des gens. Il suffit d'être à l'écoute de votre cœur et de livrer ses messages. S'il vous arrive de douter de vous ou d'avoir besoin d'aide, vous n'avez qu'à demander notre présence. Nous nous ferons un plaisir de vous aider.

Mais si une personne est brusquée ou qu'une erreur se produit ?

Nous vous invitons à la réparer le plus rapidement et le plus humainement possible. C'est par l'entremise d'une communication franche, honnête et vraie que ce sera possible. Parfois, cette erreur de parcours entraînera chez la personne un cheminement plus rapide que prévu. Elle constatera qu'elle a droit, elle aussi, à l'erreur puisque vous vous êtes trompée ou même emportée.

Parfois, notre tempérament nous joue des tours !

C'est parce que l'orgueil et l'ego sont vos éléments de motivation. Du moment que vous restez centrée sur le plan de l'énergie de votre cœur, vous offrez l'amour et la compassion à l'être qui se trouve en face de vous.

Y a-t-il d'autres aspects de l'abondance dont il faudrait traiter ?

Qu'en pensez-vous ?

L'abscence d'abondance sur le plan financier est-elle due à l'abondance sur les autres plans ? Est-ce tout simplement une question d'équilibre ?

Selon vous ?

L'abondance est toujours présente dans notre vie mais elle respecte un principe d'équilibre. Quand la vie nous gâte, il est normal d'avoir des périodes de vache maigre par la suite.

Vous rendez-vous compte de la portée de vos propos ? Parce que vous avez déjà reçu ou que vous recevez, vous ne pourriez plus recevoir... Existe-t-il une limite à ce que l'on peut recevoir ?

Oui, en quelque sorte.

C'est justement parce que vous croyez que l'abondance a une fin en soi qu'elle se présente à vous de cette manière. L'abondance n'est pas un état mais un cycle d'énergie au potentiel infini. Ce que vous mettez en place pour l'alimenter vous sera remis, et ce qui vous sera remis vous servira à bâtir autre chose. Ce que vous bâtirez servira à d'autres, et ces mêmes personnes vous redonneront cette énergie, et ainsi de suite. Ce cycle peut sembler difficile à initier et à maintenir.

Que doit-on faire pour le mettre en place ?

Cela prend de la volonté, du pouvoir, de la ténacité et de la confiance en soi. Tous ces ingrédients, à l'intérieur d'un projet que vous désirez ardemment et qui sera utile aux autres, feront en sorte que la spirale de l'abondance se mettra en route. Vous devrez être confiante qu'elle se mettra en route et ne s'arrêtera que si vous le demandez.

Que fait-on pour s'assurer qu'elle reste en route ?

Il suffit d'accepter, avec votre cœur et non avec votre tête, l'énergie qu'elle vous redonne. Alors, vous verrez ce qui vous revient comme de l'abondance. Une fois que vous aurez accepté et assimilé ce retour, vous devrez de nouveau alimenter la spirale d'énergie. Un souci constant doit être porté pour alimenter la spirale par l'énergie du cœur. De plus, si vous désirez qu'elle poursuive son expansion, il importe que vous donniez davantage que vous avez reçu.

Comment sait-on que nous donnons suffisamment ?

Votre cœur le saura, votre sagesse vous guidera et votre volonté vous donnera la force de le faire. Il suffit de poursuivre ce cycle de *donner-recevoir-donner* aussi longtemps que vous le désirez pour que cette spirale d'abondance augmente.

Ne risque-t-elle pas de devenir trop lourde à gérer ?

Il vous suffira de demander de l'aide aux gens de votre entourage pour qu'ils participent avec vous à cette spirale d'abondance. Il importe pour eux de recevoir autant qu'ils donnent, et qu'ils acceptent à leur tour de donner davantage que ce qu'ils ont reçu.

Que doit-on faire si on ressent le besoin de se retirer parce que cela ne nous convient plus ?

Vous n'aurez qu'à le faire à un moment où vous êtes en total accord avec votre être, avec ce que vous disent votre cœur, votre âme et votre esprit.

L'idée du projet commun est intéressante. Il est plus facile d'accepter l'abondance quand nous ne sommes pas les seuls à recevoir.

Attention ! Pour que la spirale d'énergie commence, vous devez accepter de recevoir en premier lieu. Il vous faudra quelques cycles individuels avant de pouvoir faire un partage à une plus grande échelle. Ces cycles vous aideront dans votre apprentissage de l'abondance. Ne vous découragez pas, car nous croyons que, grâce à votre force et à votre volonté, vous y parviendrez. Soyez consciente que tout doit partir de l'énergie du cœur.

Toute personne désirant mettre en branle ce cycle a un bel avenir devant elle. Quelle est la source de ce cycle ?

Ce doit être la réalisation de son objectif de vie, qui amène les cercles d'énergie nécessaires au changement autour de soi. La prospérité survient lorsque vous avez réalisé votre objectif de vie, la prospérité au sens de la richesse des enseignements acquis, de leur profondeur et de leur portée. Et c'est lorsqu'une personne dépasse cette notion de prospérité que nous parlons de travail de lumière.

Ce travail commence dès que l'on prend le temps de s'offrir l'amour de soi ?

En effet, l'amour de soi implique l'atteinte de son objectif de vie et même son dépassement. Nous croyons qu'une personne entame un travail de lumière dès qu'elle commence à réaliser son objectif de vie. Lorsqu'elle le dépasse, ses objectifs ne sont plus personnels mais universels.

Il est donc important d'atteindre ses objectifs personnels afin d'être en mesure d'apporter une connaissance à l'Univers tout entier. Ce cheminement amène la fusion du corps, de l'âme et de l'esprit sur un autre plan. Il y a la première fusion, vécue de manière personnelle lorsqu'un être recherche son identité et son unicité. Par la suite, il y a une deuxième fusion puisqu'il a dépassé son objectif de vie. Ce cheminement n'est pas le résultat d'une seule vie mais de l'ensemble des vies d'un être.

Notre rôle est de vous rendre le plus rapidement possible à la prise de conscience de votre objectif de vie. Vous serez en mesure de commencer plus rapidement votre travail de lumière, donnant ainsi un sens à votre vie par l'amour que vous vous offrez.

Quel est votre avis sur l'affirmation suivante au sujet de la source des dettes financières[9] ?

---

9. Cette réflexion provient d'une rencontre en médiumnité.

Réflexion : la source de vos dettes financières

Le fait d'avoir des dettes représente un manque de respect de soi-même en offrant beaucoup aux autres à son propre détriment. Il importe de s'alimenter soi-même en premier lieu et non d'alimenter les autres.

Nous croyons que cette affirmation a toujours sa raison d'être, car elle explique d'une nouvelle manière le cycle de l'abondance. Ce n'est pas parce que vous avez réussi que vous devez vous endetter pour ceux qui n'ont pas encore réussi. C'est leur choix de ne pas avoir encore atteint la réussite de leur objectif de vie.

Il importe de s'alimenter d'abord et, par la suite, de distribuer aux autres selon les principes de ce cycle. Si ceux-ci sont respectés, les dettes disparaîtront puisqu'elles seront absorbées par l'énergie dégagée par ce cycle.

Un immense merci pour ces nombreux apprentissages sur l'abondance !

Le 31 mars 2004, dans l'avant-midi

Si on poursuivait la discussion sur l'abondance ?

Nous le voulons bien. Quel aspect aimeriez-vous aborder ?

J'ai plutôt besoin d'effectuer une synthèse des différentes notions qui s'y rattachent.

Nous aimerions que vous refassiez l'exercice sur le contact des anciennes vies. Nous en reparlerons par la suite.

D'accord.

(Pause.)

L'effet de l'exercice est très différent d'hier. Il y a eu un travail intense sur le plan du chakra du troisième œil : des cercles mauves se créaient et disparaissaient au rythme des battements du cœur. L'énergie ressentie fut immense.

Pouvez-vous décrire ce que vous avez vu ?

À ma grande surprise, j'étais maîtresse d'école. J'enseignais dans une classe où tout se passait vraiment bien. J'aimais beaucoup les élèves et eux m'appréciaient aussi. Je leur donnais un enseignement différent et qui semblait leur plaire énormément. J'aimais faire part de cette autre manière de voir et de penser la vie, d'autant plus que cela se passait de manière positive. À ce moment, j'ai pris conscience du potentiel qui s'est développé en moi au cours de mes différentes vies. J'ai ressenti beaucoup de réconfort.

En poursuivant l'exercice, j'ai reçu l'image d'un hôpital où j'étais infirmière. Là encore, tout se déroulait normalement. J'innovais dans le plus grand respect des gens.

Aimeriez-vous partager autre chose avec nous à la suite de cet exercice ?

Oui, une expérience d'une autre vie. Je me suis vue embarquer sur un beau bateau de croisière, au début des années 1900. J'avais une jolie ombrelle, il faisait beau et j'étais bien. J'embarquais avec l'homme de ma vie, le même qu'aujourd'hui.

J'ai aussi réalisé qu'à l'époque, je n'avais pas confiance en lui. Je doutais de son amour. Je voyais notre amour avec ma tête. Je voulais à tout moment être rassurée sur ses faits et gestes.

C'est à ce moment que j'ai senti un immense courant au niveau du cœur et que j'ai compris ce qui n'allait pas dans mes vies antérieures. J'avais priorisé la tête au détriment du cœur. J'ai fait des gestes et des actions en fonction de la peur et je me suis ainsi beaucoup éloignée de ce que je désirais.

En faisant cette constatation, j'ai senti une nouvelle vague de chaleur au niveau de mon cœur et je vous ai vus, chers anges, chers guides, tout autour de moi. J'ai ressenti un immense bien-être en votre présence. Votre apparence m'a grandement surprise. Je n'arrivais pas à voir les traits de vos visages. Seulement les os... Comment expliquez-vous cela ?

Pour ce qui est de notre apparence, nous vous demandons de regarder avec les yeux de votre cœur et vous verrez nos visages prendre forme. Laissez la tendresse et l'amour inconditionnel vous envahir.

En fermant les yeux, je vous ai vus changer d'apparence. J'ai ressenti une énergie intense au niveau du cœur. C'est comme si mon corps, mon âme et mon esprit n'avaient fait qu'un et je me suis vue monter en flèche à l'énergie de la Source. Vous étiez là à nouveau ! À genoux, en position de prière, je vous remerciais d'avoir vécu ce moment magique. C'était vraiment spécial !

Vous venez de vivre la fusion de votre corps, de votre âme et de votre esprit. Elle n'est possible que grâce à l'amour. Laissez celui-ci vous envahir et faire vibrer votre coeur sans même chercher à le freiner. Il constitue votre source, qui est elle-même reliée à la Source universelle. Avez-vous ressenti la spirale ?

Oui, il y a eu une spirale d'énergie au niveau du cœur. Par la suite, cette spirale blanche et lumineuse s'est répandue tout autour de moi. À ce moment, j'ai compris qu'elle constituait la source même de l'abondance.

Il suffit d'être amour pour que la spirale d'énergie commence. Et elle ne s'arrêtera que si l'on décide de ne plus être amour. Elle procure un sentiment de protection, de réconfort et de présence. Enfin, la peur d'être n'est plus là ! Merci à vous, chers guides et chers anges. Merci infiniment !

Nous vous remercions d'accepter notre aide et notre dévouement. Cette acceptation nous permet de grandir et d'évoluer à notre tour. Nous sommes très heureux de votre découverte de la source, qui entraîne la spirale d'abondance. Nous aimerions que vous vous la rappeliez dans les moments faciles comme dans les plus ardus. Elle est inépuisable et saura vous apporter son aide.

Peut-on faire un exercice pour aider les gens à visualiser la spirale de l'abondance ?

Nous croyons que l'image de la spirale de l'abondance est propre à chacun et que c'est donc à chacun de la découvrir. Nous ne devons pas indiquer comment on peut la voir mais comment mettre en place les éléments pour la voir. C'est un processus que chacun doit vivre à son rythme.

Nous poursuivrons notre travail de conscience afin de préparer un terrain fertile, pour que l'être puisse vivre ce moment par lui-même. C'est une excellente façon de s'assurer qu'il retrouvera confiance en son potentiel et en sa force.

Merci ! Je veillerai moi aussi à respecter ce principe.

Nous vous en remercions.

Chapitre 6

L'intuition

Le 31 mars 2004, dans l'après-midi

Nous venons de terminer la discussion sur l'abondance. Quel sera le prochain sujet ?

Pourquoi pas l'intuition ? Cette faculté si souvent mal utilisée et qui, pourtant, recèle un grand potentiel de création.

Quelle est la définition de l'intuition ?

L'intuition est ce sixième sens qui vous habite et vous anime. C'est une veilleuse s'assurant que l'harmonie et l'équilibre sont toujours présents sur le plan de votre être.

C'est l'instinct de survie vous poussant à agir envers et contre tous même quand cela vous semble irrationnel, illogique ou fou. Ce n'est que lorsque la situation est terminée que vous êtes en mesure de juger si cette voix, cette poussée provenait bel et bien de votre intuition.

Peut-on faire un lien avec notre âme ?

Cette petite voix qui vous habite, qui vous pousse, provient de votre âme. C'est elle qui vous dicte votre conduite et vous indique ce qui est le mieux pour vous à ce moment précis. Le message que vous livre cette voix est souvent à l'opposé de tous les enseignements que vous avez reçus. C'est pourquoi il est parfois si difficile de l'entendre.

Que peut-on faire pour faciliter cette écoute ?

Écouter sans juger, à l'aide de votre meilleur guide, votre cœur. C'est lui qui vous dira si oui ou non vous devez faire tel geste ou entreprendre telle action.

C'est aussi simple que ça ? L'intuition n'est-elle que l'écoute de la voix du cœur ?

Oui, en effet.

Pourquoi a-t-on l'impression de ne pas avoir d'intuition, de ne pas savoir ce que c'est ?

Vous croyez ne pas avoir d'intuition lorsque vous raisonnez avec votre tête au lieu d'écouter votre cœur. Il y a sûrement des situations où vous avez écouté votre intuition.

Oui, mais elles se sont passées il y a bien des années !

Vous apprenez actuellement de nouvelles manières d'être et de faire. Vous devez lâcher prise et accepter de perdre le contrôle sur l'issue de la situation. Le seul contrôle que vous devez exercer est celui sur vous-même, c'est-à-dire que vous devez demeurer attentive à vos ressentis, à vos besoins. Bref, restez bien ancrée.

Il est vrai que, dans certaines situations, l'écoute de son intuition peut être très utile. De plus, elle engendre des répercussions positives autour de soi, et c'est merveilleux. Malgré tout, il y a des moments où il est plus difficile de prendre contact avec cette petite voix. Comment faire la différence entre l'intuition et la peur ?

C'est une excellente question! Comment arriver à distinguer, à l'intérieur de soi, ce qui est vrai (ressenti) de ce qui est faux (non ressenti)?

Exactement!

Nous dirions que la source est toujours la même, c'est-à-dire l'écoute de votre cœur. Ce que vous pensez, ce que vous vivez ou la façon dont vous réagissez est-il en accord avec ce que vous ressentez au plus profond de vous-même? Lorsque la source de votre ressenti n'est pas votre cœur, vous êtes manifestement en contact avec votre mental et, donc, avec la peur, les craintes et les doutes.

C'est si simple pour vous! Le ressenti du cœur correspond à l'intuition et le ressenti du mental provient de la peur. Qu'en est-il de la fusion du corps, de l'âme et de l'esprit?

Il ne faudrait pas confondre les notions de mental et d'esprit. Le mental est tout ce que vous avez appris, ce qu'on vous a inculqué, soi-disant pour votre bien. Ce sont aussi les enseignements que vous avez décidé de suivre en raison de vos croyances et de vos convictions.

Puisque les croyances et les convictions proviennent de nous, elles sont donc nécessairement bonnes pour nous?

Elles proviennent de vous, en effet, mais ne sont pas toujours bonnes. Les croyances et les convictions sont en quelque sorte des fabrications du mental pour expliquer les différents phénomènes de l'Univers et, surtout, pour comprendre les raisons pour lesquelles ils se produisent. Elles sont une pure fabrication de l'esprit et ne correspondent pas à la réalité.

Vous venez d'employer le terme esprit. Sa définition correspond à celle du mental?

Il y a souvent confusion à propos de ces deux notions, qui sont prises dans un sens beaucoup plus large que ce qu'elles sont en réalité. Le mental est la fabrication de mythes, de croyances, de perceptions en réaction à une situation ou à un événement. Or, vous utilisez aussi le terme esprit ou pensée pour définir le mental.

Nous dirions que l'esprit est la réflexion émanant du contact du divin en chaque être humain. Le divin possède sa propre source, qui provient du cœur. C'est la combinaison des prises de contact avec l'âme et avec le cœur qui amène la conscience à l'esprit. De cette conscience émane l'intuition.

L'esprit constitue donc la résultante du cheminement, sur le plan du cœur et de l'âme, d'une situation ou d'un événement. Ce cheminement a pour but d'amener à la conscience de l'être ce qu'il doit faire pour être en totale harmonie avec ce qu'il est.

L'intuition est marquée par le cheminement intérieur qui survient chez l'être. Qu'en est-il de l'intuition qui nous pousse à tourner à gauche plutôt qu'à droite ? De celle qui nous anime sur le plan du travail ? Peut-on parler de conscience d'être ce que l'on est ?

Il ne faut pas voir l'intuition uniquement comme une notion ou un outil utilisé pour la croissance personnelle. L'intuition est un puissant motivateur et peut être présente tout au long de la réalisation de l'objectif de vie.

Ainsi, si l'objectif de vie d'une personne se déroule sur le plan du travail, elle aura beaucoup d'intuitions dans ce domaine ; ce seront ses guides dans la réalisation de son objectif de vie. Sans elles, le parcours risquerait d'être chaotique et perturbé.

Nous croyons qu'il n'est pas nécessaire de vivre de la souffrance lorsque le but premier d'un être est de réaliser son objectif de vie pour le bien de l'humanité. Nous souhaiterions que les gens utilisent plus souvent ce puissant outil qu'est l'intuition. Il leur éviterait des essais à répétition. Quand le mental dicte une action, ce n'est peut-être pas la bonne chose à faire...

Nous aimerions vous amener plus facilement vers la voie de votre esprit, dont la source est votre cœur. Vous pourrez ainsi faire des expériences plus enrichissantes, vous conduisant plus facilement et plus agréablement à votre objectif de vie. C'est pourquoi nous vous proposons ici un exercice d'éveil de l'intuition.

L'éveil de votre intuition

Dans un endroit calme et paisible, prenez de grandes respirations.

À chaque expiration, demandez à ce que toute charge mentale soit retournée à la terre, vous libérant ainsi de l'absence de contact avec votre âme et votre esprit.

Une fois le bien-être répandu dans votre corps, moi, Sofia, je vous invite à visualiser votre cœur.

Prenez le temps de ressentir chacun des battements qu'il vous offre au nom de la vie.

Demandez à ce que sa sagesse vous guide dans la direction à prendre.

Demandez maintenant que son enseignement passe entre vos mains afin que le tout soit amené à votre conscience.

Prenez le temps de placer vos mains devant vous, l'une à côté de l'autre, les paumes tournées vers le ciel.

Visualisez que les enseignements de votre cœur sont amenés à l'intérieur de vos mains. Vous sentirez une immense énergie, de la chaleur et des picotements à l'intérieur des mains.

Par ce geste, amenez à votre conscience, par l'entremise de votre esprit, les enseignements nécessaires pour prendre contact avec votre intuition, votre véritable guide dans la réalisation de votre chemin de vie.

Prenez le temps de vous remercier pour ce temps que vous vous accordez, pour cet amour que vous vous offrez.

Vous pouvez maintenant poursuivre votre route.

Le 1er avril 2004

J'ai reçu deux manifestations importantes d'intuition ce matin. Elles ont apporté une grande libération par l'écoute du cœur et non de la peur provenant de la tête. Je vous remercie pour votre aide et pour le texte que vous m'avez conseillé de lire sur l'honnêteté[10]. Il m'a procuré un grand bien-être.

Votre projet commence à se dessiner et à prendre une forme de plus en plus définie. Nous vous en félicitons et nous vous remercions de nous faire confiance. Nous aimerions que vous vous remerciiez vous-même d'avoir choisi un tel cheminement et d'y croire si intensément avec votre cœur.

---

10. La loi de l'honnêteté, *Votre chemin de vie*, Dan Millman, Éditions du Roseau, 1995, page 525.

Que je me remercie ?

Oui, nous croyons que vous êtes trop dure envers vous-même, trop exigeante. Nous comprenons cette rigueur. Elle est nécessaire pour faire ce travail. Cependant, elle pourrait s'accompagner de beaucoup d'amour si vous preniez le temps de vous remercier d'être ce que vous êtes, de croire en vous, en la vie, et d'être vous, tout simplement.

Ce que vous avez fait demande beaucoup de courage, et vous poursuivez ce travail. Il ne faut pas ignorer l'investissement effectué, l'amour donné. La meilleure façon de ne pas l'oublier est de vous remercier souvent. Vous nous remerciez souvent mais nous aimerions que vous fassiez de même avec vous afin de poursuivre sur la route de la prospérité.

Merci pour la justesse de ces propos !

Remerciez-vous aussi en effectuant un exercice de prise de contact avec vos vies antérieures.

D'accord !

(Pause)

Quel a été le résultat?

Je me suis vue comme un mendiant. J'étais un homme en haillons, cherchant un endroit pour dormir et manger. Je n'étais pas vraiment beau ni propre, et je marchais le dos courbé. Des gens m'ont offert leur aide, mais je l'ai refusée prétextant ne pas avoir besoin d'eux.

Pourtant, j'ai rencontré des gens pleins de bonnes intentions, qui me donnaient une seconde chance de grandir. J'ai refusé malgré le sentiment, la petite flamme positive qui m'animait. Ce refus a causé ma perte. En voyant ces images, je me suis demandée pourquoi j'avais refusé leur aide.

À la suite de cette demande, je me suis vue, au cours d'une ou deux vies précédentes, acceptant l'aide de certaines personnes. Cette aide m'a causé beaucoup d'ennuis, et même un emprisonnement. Ne voulant pas revivre ce moment, j'ai refusé toute aide, même si j'ai dû être clochard et mourir ainsi. J'ai poursuivi ma réflexion en me demandant pourquoi cette aide m'avait causé tant d'ennuis.

Quelle a été la réponse?

Que je n'avais pas la capacité d'évaluer si l'aide que l'on m'offrait était bonne pour moi, si elle me convenait.

Effectivement, il importe de n'accepter l'aide des autres que lorsqu'elle correspond à votre cheminement. Sinon, elle devient un prétexte pour renoncer à vos responsabilités. Alors, vous vous laissez porter sans même vous assurer si cela vous convient.

Si vous n'arrivez pas à vous remettre en contact avec vous-même, les conséquences peuvent être désastreuses et aller jusqu'à l'emprisonnement, à cause d'un manque d'honnêteté envers soi-même et envers la vie.

J'ai poursuivi ma démarche en demandant quel était l'impact de cet enseignement sur ma vie actuelle. À ma grande surprise, j'ai constaté que j'avais encore beaucoup de difficulté à recevoir et que je devais changer cette manière d'être, sans quoi j'allais devenir clocharde. Dans ma vie amoureuse, dans mes amitiés, au travail et dans mon cheminement en général, les exemples de cette incapacité de recevoir sont nombreux.

J'ai tellement peur de le payer de ma vie et que cela me coûte cher, en termes de temps et d'énergie, que je préfère refuser. Cette attitude de refus continuel pourrait entraîner ma perte. Je dois donc, en tant qu'être en apprentissage, accepter ce que les autres ont à m'offrir, pourvu que ce soit en accord avec ce que je suis et que cela ne remplace pas le cheminement que j'ai à faire.

Cette prise de conscience m'explique la raison du manque d'abondance financière et amicale dans ma vie. Enfin, j'ai une réponse ! J'ai tant cherché, analysé, fouillé, pour finalement comprendre que la cause ne provient pas de cette vie-ci mais d'anciennes vies.

J'ai la possibilité, dans celle-ci, de terminer cet apprentissage en l'amenant à ma conscience pour enfin l'intégrer de manière définitive et grandir. Je me promets de rester vigilante et, surtout, je me remercie d'avoir amené cet apprentissage à ma conscience. Je peux ainsi poursuivre mon apprentissage sur l'abondance.

Vous avez suivi votre intuition en faisant cet exercice d'apprentissage de vos vies antérieures. Vous vous êtes laissé guider par ces images et elles ont éveillé votre conscience.

Nous dirions que l'intuition fonctionne selon le même principe. Un ressenti, un éveil des sens, une image ou une pensée peuvent être la source d'une intuition. Il suffit de prendre contact avec cet élément, de l'amener à votre conscience pour qu'il vous livre les enseignements nécessaires. Il vous dictera comment agir, comment voir telle situation ou régler tel problème.

Puis-je vous raconter une anecdote ?

Nous vous écoutons, chère enfant.

Depuis hier, je ressens la présence d'entités qui souhaitaient entrer en contact avec moi pour me montrer quelque chose. Je leur ai demandé de partir, mais, comme elles sont restées, j'ai cherché à comprendre leur volonté. J'ai immédiatement pensé au traitement de lumino-énergétique[11] que j'allais donner le lendemain. Ce sont des âmes voulant passer à la lumière. Je leur ai donc dit de revenir au moment opportun et qu'il me ferait plaisir de les faire passer, mais qu'en attendant elles devaient respecter mon environnement et mon espace afin que je puisse poursuivre ma vie.

En préparant le dîner, j'ai entendu une voix me disant que j'étais prête à passer dans l'autre monde. J'ai eu peur et, en même temps, j'étais intriguée. J'ai demandé la protection de Michaël[12] et de Raphaël[13] pour parcourir cette route vers l'au-delà. Je désire faire ce parcours s'il est bon pour moi et pour mes clients et non par curiosité ou par égoïsme. Pourquoi ai-je l'impression que je vais vivre la même chose qu'une personne qui est sur le point de mourir ? Je ne suis pas prête à quitter ce monde ! Vais-je revenir ?

La dernière fois que vous êtes passée dans ce tunnel, ce n'était pas pour la même raison que maintenant.

---

11. Au cours de ce traitement, il est possible de faire passer des âmes à la lumière (cinquième dimension).
12. Michaël est l'archange dédié à la protection divine. Il peut être invoqué chaque fois que vous désirez être protégé par ses rayons lumineux, par exemple au cours d'un voyage, d'une randonnée, d'une rencontre importante, d'un cheminement personnel ou d'un contact avec l'au-delà.
13. Raphaël est l'archange dédié à la guérison physique, émotive et spirituelle. Son rayonnement vert offre la conscience et le cheminement nécessaires à cette guérison. Il peut donc être invoqué dès qu'une blessure se manifeste en soi. Son invocation implique un travail au niveau du chakra du cœur et une prise de contact avec l'âme.

Ah non ?

C'était en raison de la maladie. Maintenant, nous vous offrons une autre possibilité. Compte tenu du fait que vous avez accepté de recevoir, nous vous demandons de venir dans notre monde afin, par la suite, d'expliquer aux gens ce que vous avez vu et, ainsi, de les aider.

Merci pour cette invitation. Quel honneur ! Cependant, est-ce le bon moment ? Il serait peut-être préférable de cheminer davantage avant de faire une telle démarche. Il y a d'autres projets importants à réaliser.

Nous ne vous demandons pas d'y rester mais de nous rendre visite dans notre monde à nous, dans cet endroit où les âmes vont après la mort physique. Nous aimerions vous faire remarquer que vous êtes déjà en contact avec notre monde par l'entremise de la quatrième dimension. Nous vous demandons de venir dans notre dimension, la cinquième, afin de parfaire votre cheminement pour poursuivre l'enseignement auprès des gens.

Comment y aller ? Comment s'y prendre ? Et, surtout, comment faire pour en revenir ?

Nous vous demandons de nous faire confiance et de vous faire confiance. De vous laisser aller et vous laisser guider. Nous vous faisons la promesse de vous ramener s'il y avait quoi que ce soit.

Le passage est comme une canalisation, où vous prenez contact avec la Source céleste. Vous y êtes déjà arrivée et cela s'est très bien passé. Nous sommes convaincus que vous êtes encore en mesure de le faire.

D'accord. Mais je demande à Michaël de me protéger et de m'accompagner dans cette démarche.

(Pause)

Cet exercice est surprenant !

Nous aimerions que vous nous donniez des détails.

J'ai revu ces êtres de lumière en robe blanche, magnifiques, flottant au-dessus du sol. Lors d'un contact précédent, j'avais eu l'impression que j'allais partir, un peu comme maintenant. Une fois cette sensation passée, je me suis sentie en confiance et je me suis envolée vers la cinquième dimension.

Je vous ai vus, chers guides, tout autour de cette table et je me suis demandée si c'était bien une canalisation. Je m'attendais à revivre cet état de transe profonde où j'ai l'impression de mesurer des millions de kilomètres et où je suis envahie d'un amour si intense que je ne peux que pleurer.

D'ailleurs, lors de mes premières canalisations, je pleurais sans cesse, jusqu'à ce que je laisse sortir les messages d'amour. J'étais envahie d'une énergie merveilleuse. J'ai senti la même chose tout à l'heure. J'ai reçu de beaux messages.

Quels étaient ces messages ?

Je dois croire en moi et en mon potentiel, m'entourer d'amour et de paix, croire en mes possibilités. Je dois reconnaître que la canalisation consiste simplement à recevoir des messages provenant d'êtres de lumière comme Sofia. J'ai une affection particulière et un profond respect pour cet être. J'en ai aussi pour les autres, mais, avec Sofia, c'est différent.

En quoi est-ce différent ?

J'ai l'impression de lui ressembler, de véhiculer le même message qu'elle.

Serait-elle votre ange gardien ?

C'est possible. Mais n'est-ce pas plutôt Sylvie ?

Comme nous vous disions déjà, Sylvie sert de canal vers nous, qui sommes situés dans la cinquième dimension. Sofia est votre guide vers ce passage puisqu'elle représente la sagesse de votre cœur. C'est elle qui vous apporte les messages pour que vous arriviez à nous voir et à nous atteindre. Il est donc normal que vous ayez une relation privilégiée avec cette entité.

Est-ce de la canalisation pure et simple ?

Oui. Il y a différentes manières de canaliser. Vous nous avez demandé de respecter votre corps, votre être physique. Vous nous avez aussi demandé de livrer les messages d'entités de lumière sans que votre corps en soit affecté.

Effectivement. Je suis prête à livrer les nombreux messages avec tout mon amour et toute ma lumière. Cependant, je crois que cela peut se faire sans qu'il y ait possession du corps physique. Je souhaite vivre la canalisation ainsi étant donné l'importance de ma vie sur cette terre pour terminer mon cheminement. J'aimerais aider tout en préservant ma santé. Est-ce réaliste ?

Réaliste, non ! Normal, oui. Nous ne pouvons aller à l'encontre de votre propre volonté. C'est ainsi que vous désirez offrir votre aide pour le moment, et nous respectons votre choix.

Est-ce moins valable ainsi ?

Chère enfant…

J'ai besoin d'être rassurée et, surtout, d'être honnête envers les autres et envers moi-même.

Nous vous comprenons et nous aimerions vous rassurer. Chaque médium vit son contact avec l'au-delà à sa façon. Ce n'est pas plus valable, ce ne l'est pas moins. C'est, tout simplement.

Merci pour ces paroles. Ainsi, chaque jour, je canalise à ma façon.

Cette manière aidera des milliers de gens, comme chaque médium aide aussi des milliers de gens.

Merci ! Mais nous nous sommes éloignés de notre sujet principal : l'intuition.

Nous aimons voir votre évolution. Nous croyons que ce ne sont que des suites logiques à la notion d'intuition.

Pourriez-vous vous expliquer ?

C'est grâce à votre intuition que vous avez été en mesure de percevoir vos dons de médium. Cette petite voix différente de la raison qui vous dit qu'il existe autre chose, qu'il existe d'autres dimensions, d'autres paramètres pour évaluer et vivre votre vie.

Beaucoup de gens parlent de spiritualité, de voix intérieure. Nous disons simplement que l'intuition permet de donner un sens à sa vie. Elle permet un éveil à la quête de son objectif de vie.

Elle est en quelque sorte la parole de votre âme. Elle s'assure de vous mettre en contact avec ce qui est bon et sain pour vous sur les plans physique, moral, intellectuel, spirituel et émotionnel.

Et nul besoin d'être médium pour écouter cette voix! Il suffit d'être à son écoute et de vraiment vouloir entendre ce qu'elle a à dire.

Quel exercice proposez-vous pour être à son écoute ?

Celui déjà proposé sur l'éveil de l'intuition.

(Pause)

Le résultat est surprenant. Je me suis vue lire un livre d'histoires à des enfants d'environ trois et quatre ans. Et hop, j'ai fermé le livre en leurs disant qu'il était temps d'aller au lit. J'ai vu deux petits garçons se lever. J'ai réalisé que c'était mes enfants. Je voulais voir s'il y avait une petite fille. Et elle est apparue. Elle avait environ un an et demi, avec des petites couettes partout sur la tête ! Et un visage si mignon, si angélique ! Est-ce notre propre fille qui s'en vient ?

Qu'en pensez-vous?

Je le crois, en raison de la sensation dans le ventre, au niveau de l'utérus. À moins que ce soit des jumeaux ou le nombre d'enfants que nous aurons à tour de rôle ?

Que vous dit votre cœur?

Qu'il y a une petite fille dans mon ventre, qui cherche à prendre sa place. Est-ce une projection de moi quand j'étais toute petite ?

Que croyez-vous ?

Je ne sais pas… Cette nouvelle serait tellement formidable !

Nous vous laissons prendre contact avec votre intuition pour que vous trouviez la réponse par vous-même.

Et si je me trompe, vous me le direz ?

Vous pouvez compter sur nous !

Le 2 avril 2004

Les questions financières occupent une place prépondérante dans ma vie, et cela affecte ma créativité.

Ne soyez pas trop dure avec vous-même. Vous êtes passée d'un extrême à l'autre dans votre manière de vivre. Il est normal qu'il y ait des ajustements en cours de route. Nous vous demandons simplement de vous faire confiance et de nous faire confiance. Le reste suivra sa route peu importe vos préoccupations, vos soucis ou les scénarios que vous ferez.

Merci… Pourquoi me demander de faire ce cheminement dans la cinquième dimension ? Est-ce dans le but d'aider des gens en phase terminale en leur expliquant ce qui se produira à leur mort et en leur décrivant l'endroit où ils iront ?

Effectivement, il serait intéressant de prendre cette direction de façon à apporter du réconfort aux gens sur le point de franchir cette étape. Ne croyez-vous pas qu'il soit possible maintenant pour vous de faire cette expérience, indépendamment de ce projet ?

Oui, je crois pouvoir le faire et j'en serais même très honorée. J'aimerais simplement être guidée dans la direction à suivre. J'accepte que des changements se fassent si je comprends pourquoi et comment ils se feront.

Nous savons que vous aimez tout contrôler par peur et par insécurité… Nous vous proposons de vivre une merveilleuse expérience, où vous exercerez votre contrôle différemment.

Plutôt que de contrôler la manière dont les choses se passeront, nous vous demandons de contrôler ce que vous vivrez à l'intérieur de vous afin de respecter vos limites et d'être en mesure de revenir chaque fois que vous le désirez.

Nous vous conseillons de faire confiance à votre intuition. Nous serons là si nous voyons que vous vous éloignez de votre route, rassurez-vous. Nous croyons que vous devez développer votre confiance dans la voix intérieure qui vous habite et que nous appelons l'intuition. Cette voix détient la clé de votre vérité, de votre essence, de votre vie sur cette terre. Vous avez décidé de partir en voyage avec nous, et cela suppose aussi ce contact avec une autre dimension.

Lorsque nous discutons, sommes-nous dans la quatrième dimension ou dans la cinquième?

Nous dirions que nous établissons le contact dans la quatrième dimension. Les médiums nous voient, puisqu'ils perçoivent cette dimension. Lorsque nous discutons ensemble, nous sommes à l'orée de la cinquième dimension. Il ne vous reste qu'à poursuivre cette envolée avec nous en quittant la table de discussion et en acceptant de visiter nos lieux.

Nous aimerions vous aviser que vous vivrez de nombreux changements et que vous aurez accès à des connaissances différentes de celles acquises jusqu'à maintenant. Nous vous demandons de divulguer ces connaissances avec un total respect pour ce que sont les humains.

La nouveauté fait peur, elle engendre parfois la colère et le mépris, et même de la jalousie. Mais si chacun des gestes que vous faites est fondé sur l'amour inconditionnel et universel, ces connaissances seront d'une grande utilité à l'humanité.

Comment fait-on pour partir en voyage dans la cinquième dimension ?

Voici ce que nous vous proposons.

Accéder à la cinquième dimension

Pieds nus, assoyez-vous confortablement dans un endroit calme et paisible.

Prenez le temps de ressentir que vos pieds touchent à cette merveilleuse terre. Ils sont votre point d'ancrage pour votre retour.

Prenez de profondes respirations afin de dissiper toute crainte et d'établir un calme intérieur.

Demandez à vos guides et à vos anges de vous aider au cours de ce passage et de vous accompagner dans cette découverte de la cinquième dimension.

Demandez-leur de vous ramener immédiatement si vous ressentez un malaise.

Visualisez le couloir de lumière situé dans la quatrième dimension. Ce couloir est rattaché à la terre, la troisième dimension, et à la cinquième dimension, la source céleste.

Visualisez l'extrémité rattachée à la terre.

Visualisez ensuite l'extrémité rattachée à la source céleste.

Demandez d'accéder facilement à cette dimension, dans un respect total des êtres de lumière et de l'Univers.

Précisez que vous acceptez ce voyage en total respect avec ce que vous êtes et ce que vous devenez, et que vous ne désirez pas utiliser ces connaissances à mauvais escient. Vous faites ainsi la promesse de les utiliser dans le but d'un bien-être complet et total de l'humanité.

Et maintenant, acceptez de partir.

Lorsque vous serez prête à revenir, il vous suffira de revoir ce canal de lumière et son extrémité pointant vers la terre.

Prenez contact avec vos pieds, qui sont votre ancrage à la terre, et demandez de réintégrer votre corps avec facilité et dans l'harmonie.

Et maintenant, parlez-nous de votre expérience dans cette cinquième dimension.

J'ai une dernière question avant de partir. Pourquoi dit-on qu'il est impossible d'atteindre la cinquième dimension avant l'an 2012 ?

Partez avec nous et vous verrez ce qu'il en est. Vous pourrez juger par vous-même et mieux comprendre la raison de cette date.

Parfait!

(Pause)

Ce fut magnifique! Toute une expérience! Ce n'est pas du tout ce à quoi je m'attendais.

Racontez-nous!

Je m'attendais à quelque chose de pénible, mais ce fut merveilleux, simple, immensément lumineux, énergisant, stimulant. Au début, j'avais très peur, mais finalement cette peur s'est estompée et je me suis vue partir dans le canal. C'était magnifique.

Je me suis arrêtée dans la quatrième dimension. Je me demandais pourquoi. Je l'ai explorée et me suis vue assise près d'une maison en pierre. Je pleurais, me disant que je n'avais pas réussi ma vie, pas réussi à m'occuper de mes enfants.

Cette peine provenait d'une autre vie. J'ai dû laisser partir cette pensée pour me libérer. J'ai senti énormément d'amour provenant des entités de lumière, ce qui m'a donné la force et le courage de me lever et de quitter cet endroit lugubre.

Par la suite, je suis restée dans la quatrième dimension, me demandant toujours pourquoi. J'ai vu des clients, des amis, des membres de ma famille, des connaissances... Je restais dans cette dimension car je voulais les sauver, les aider, leur indiquer leur route. Ils avaient décidé, comme moi dans une vie antérieure, de ne pas avancer. Ils préféraient rester dans cet état pour que l'on ait pitié d'eux. Je leur ai dit qu'ils en avaient le droit, que je les respectais, mais que je devais continuer ma route.

À ce moment, j'ai vu une lumière intense ; mon cœur s'est mis à vibrer. J'ai vu mon groupe d'âmes m'entourer de leur lumière et de leur amour. Comme c'était bon ! Ils me disaient de rester, de profiter de ce moment pour faire le plein.

Je sentais leur énergie. Je sentais que je ne devais plus douter de moi ni me préoccuper de ma situation financière, que je devais cesser de me soucier de futilités. Cela m'a fait le plus grand bien. J'ai compris ma mission. Ces gens étaient autour de moi pour me réconforter et me dire : « Poursuivez votre but, car il est juste et bon. »

Mon niveau vibratoire a augmenté et je me suis sentie accéder à la cinquième dimension. Je vous ai vus, chers guides. Nous étions tous en cercle dans votre dimension et nous étions très lumineux.

J'ai compris que j'avais franchi les étapes nécessaires pour accepter et livrer les enseignements que vous aviez à me donner, que vous seriez toujours là pour me protéger et que c'était tout simplement votre mission.

J'ai aussi compris pourquoi je vivais cette expérience. Je dois livrer un enseignement sur les raisons pour lesquelles nous en venons à ne pas réussir. Ce fut une étape importante du voyage. Merci d'être là !

Nous vous remercions et nous sommes heureux que vous ayez décidé de partir avec nous. Nous vivrons un voyage magnifique.

Chapitre 7

L'attitude

Le 5 avril 2004

Pourquoi cette impression d'être à des années-lumière de vous ?

Pourquoi doutez-vous de vous ?

Aucune idée.

Pourquoi ne croyez-vous pas en ce que vous ressentez ici et maintenant ?

(?)

Pourquoi votre tête est-elle ailleurs ? Pourquoi votre mental dirige-t-il vos pensées ? Pourquoi votre esprit ne reprend-il pas sa place, tout comme votre cœur et votre âme ? N'est-ce pas là un moyen de vous protéger, de vous assurer un parfait contrôle de la situation ?

Il est vrai que je cherche à me protéger et à ralentir le rythme. J'ai peur...

Peur de quoi ?

Peur de la réussite et de la direction où elle m'entraîne.

Alors, il importe d'aller voir ce qui se cache derrière cette peur : une blessure, une peine, une crainte...

Oui, mais comment ?

Reprenez l'exercice de prise de contact avec la peur, votre conseillère. Cet exercice vous permettra d'y voir plus clair.

D'accord.

(Pause)

Cet exercice a été suivi de celui qui permet l'accès à la cinquième dimension. À la suite de ce deuxième exercice, la peur a laissé place à un grand bien-être. D'où la prise de conscience de la nécessité d'approfondir les connaissances acquises avant de poursuivre ce voyage.

De plus, il y a le déblocage de l'expression de moi-même et de ma créativité. D'ailleurs, une énorme tension au niveau de la gorge s'est fait sentir pendant cet exercice. Cette tension s'est manifestée par une quinte de toux importante.

Il y a des choses non dites, des éléments de votre personnalité que vous refusez de reconnaître.

À entendre ces paroles, ma gorge me fait encore plus mal !

Vous refusez d'être vous-même, dans toute votre essence et votre beauté. Vous refusez vos responsabilités afin d'éviter d'être en contact avec votre voie et votre destinée.

Comment fait-on pour être en contact avec soi ?

On doit cesser de refuser d'être soi-même.

(?)

Refuser d'être soi-même signifie que vous bloquez ce que vous êtes, vous bloquez l'énergie qui est en vous et qui fait votre force.

Ce blocage entraîne-t-il une peur de ne pas réussir ?

Non. Il s'agit de deux éléments complémentaires, qui n'ont pas la même origine. Le mal de gorge est lié au blocage de l'expression et de la créativité, tandis que la peur de réussir est liée au refus d'être soi-même. Leur complémentarité vient du fait qu'il y a chez vous un refus d'être vraie. Vraie dans l'expression et vraie dans vos capacités de médium et de voyante.

Voyante ?

Ce mot ne fait pas toujours référence à une prédiction de l'avenir ; il peut aussi se rapporter à l'écoute de l'intuition. Il s'agit ici de voir ce qui ne va pas chez vous et chez les autres afin de grandir et d'aider les autres à évoluer. C'est votre sixième sens, qui vous permet d'apporter une plus grande conscience à ceux qui vous côtoient ainsi qu'à vous-même.

Il est plus facile d'accepter un don de voyance lorsqu'il est présenté de cette façon.

Le voir ainsi vous permettra de l'apprivoiser, de le faire vôtre afin qu'il vous offre tout son potentiel créateur. Il est là, un point c'est tout ! Vous ne devez pas chercher à le cacher ou à le brimer. Faites confiance à vos capacités de communicatrice et de vulgarisatrice. Ces capacités sont la source même de votre créativité.

L'absence d'authenticité engendre-t-elle l'échec ?

Elle est partie intégrante de l'échec sans être la cause principale. L'absence d'authenticité fait en sorte que vous vous éloignez de vous. En vous éloignant de vous, vous déviez de votre objectif de vie. En déviant de votre objectif de vie, vous passez à côté de la réussite. Le manque d'authenticité fait partie de l'échec. Elle est un de ses facteurs sans en être la cause principale.

Quels sont les autres facteurs, les autres causes?

La principale cause réside dans le refus de réaliser son objectif de vie sans égard aux raisons données pour l'absence de réalisation. Les autres facteurs sont la peur, un manque de confiance en soi, un refus de l'abondance, l'absence d'amour et un manque de volonté et de pouvoir.

Tous des facteurs que nous avons abordés tout au long de ce livre.

Effectivement. Nous voulions amener à votre conscience les éléments qui causent l'échec ou ce que nous appelons l'autosabotage.

Pouvez-vous expliquer cette notion d'autosabotage?

L'autosabotage constitue l'ensemble des facteurs et des causes qu'une personne met en branle pour assurer son échec de manière volontaire et préméditée.

C'est dur comme manière de voir...

C'est pourtant très réaliste.

Vous croyez que chaque être humain fait en sorte de réussir ou de ne pas réussir son objectif de vie de manière volontaire et préméditée? Que faites-vous des circonstances hors de notre contrôle?

Hors de votre contrôle? Vous les avez toutes choisies, une à une, avant même votre venue sur terre!

Notre venue sur terre?

Oui. Les circonstances, les étapes et les expériences de votre objectif de vie ont été choisies par vous avant même votre naissance. C'est après votre naissance que vous avez la possibilité de choisir l'attitude avec laquelle vous désirez les aborder, soit d'une manière pessimiste ou optimiste.

Comment peut-on avoir une attitude optimiste ?

En abordant chaque situation comme une expérience, il est plus facile de voir le progrès qu'elle apporte dans la réalisation de son objectif de vie, de voir le potentiel de croissance qu'elle représente. Ainsi, on peut ressentir la paix intérieure et la sérénité nécessaires à tout cheminement spirituel.

Et que dire de la manière pessimiste ?

Elle fait voir les circonstances comme un obstacle à la réalisation de son objectif de vie, d'où la volonté de les éliminer à tout prix. L'ensemble de l'énergie de l'être est alors consacré au combat plutôt qu'à l'avancement. Ce combat place la personne dans un état de léthargie, d'absence d'avancement que nous qualifions de sabotage, au sens d'absence de réalisation.

Pour voir le potentiel créateur de toute situation, devons-nous refuser de combattre ces circonstances ?

En effet, le combat ne doit pas être livré à l'extérieur de vous mais à l'intérieur de vous. Lorsque nous parlons de combat, nous voulons dire l'ensemble de votre force et de votre courage utilisé pour réaliser l'apprentissage que cette situation est venue vous apprendre.

Parfois, un combat de valeurs et de croyances se livrera à l'intérieur de vous, suscitant une forte résistance à l'apprentissage apporté par cette expérience. Il importe, lors de ce combat, de vous donner beaucoup d'amour afin que tout se passe avec facilité.

Nous ne voulons surtout pas que vous pensiez que nous vous jugeons lorsque vous combattez. Au contraire, nous aimerions que vous reteniez ceci : nous comprenons votre cheminement et nous vous admirons d'oser le faire. Nous savons qu'il est parfois difficile. Alors, nous sommes là pour vous aider, pour vous donner le coup de pouce nécessaire à votre avancement spirituel.

Dites-vous que votre avancement nous aide aussi à avancer. Notre rôle est de vous aider à cheminer. Quand nous sommes dans l'attente de vous aider, nous mettons en veilleuse notre évolution. Nous ne vous disons pas cela pour que vous vous sentiez responsable de notre évolution mais pour que vous n'hésitiez pas à nous demander de l'aide. Il nous fera un immense plaisir de vous l'apporter.

Vous pouvez faire votre demande sous la forme d'une prière, en prenant directement contact avec nous ou en rencontrant un médium. Quelle que soit la manière, l'important est d'effectuer votre demande afin que vous puissiez poursuivre votre évolution.

Toutes les demandes sont exaucées ?

Seulement celles qui respectent votre objectif de vie. D'où l'importance de toujours terminer votre demande en spécifiant qu'elle devra être exaucée seulement si elle est en accord avec votre destinée, votre objectif de vie.

Ne risque-t-on pas d'être déçu à la longue ?

Raison de plus pour demander notre aide si vous voulez retrouver votre objectif de vie ! Le lâcher-prise quant à la manière d'atteindre votre objectif de vie vous permettra de vivre celui nécessaire à la prise de contact avec nous. Par lâcher-prise, nous voulons dire ici la nécessité de cesser le combat envers les circonstances extérieures pour entamer un combat intérieur.

Finalement, nous devons déplacer nos forces et notre courage. N'y a-t-il pas des risques d'épuisement ?

Ce combat intérieur n'est pas toujours nécessaire. Vous choisissez de le vivre lorsque vous refusez d'être vous-même, d'être en accord avec ce que vous êtes et de ne pas écouter votre objectif de vie. Dès que vous acceptez cette harmonie à l'intérieur de vous, la paix et la sérénité émergent, amenant l'énergie nécessaire au potentiel créateur.

Ce potentiel mettra sur votre route les circonstances nécessaires à la réalisation de votre objectif de vie. Vous vivrez le bonheur, la joie, le succès reliés à votre réussite. Cette réussite entraînera des changements autour de vous. Des gens voudront aussi vivre leur réussite. Par la suite, ceux se trouvant autour de ces gens voudront aussi vivre leur réussite, ce qui donnera lieu à une spirale d'énergie de réussite sans fin.

Nous revenons à des sujets déjà abordés.

Nous dirions plutôt que nous venons d'effectuer la synthèse des apprentissages liés à la première étape de ce voyage. Ces apprentissages doivent maintenant être assimilés avant de poursuivre avec la deuxième étape.

En quoi consiste-t-elle ?

Il s'agit de la découverte de la cinquième dimension. Pour y parvenir, vous devez maîtriser et véhiculer les apprentissages de la première étape afin de bien les intégrer sur les plans de votre corps, de votre âme et de votre esprit. Cette triple intégration vous assurera les ressources nécessaires à la compréhension des apprentissages et des connaissances provenant de la cinquième dimension.

Vous aurez besoin d'aide pour y parvenir. Alors, acceptez l'aide présente sur votre route. Elle prendra diverses formes, divers visages. Elle visera la poursuite de votre cheminement et vous amènera à réaliser votre objectif de vie. Votre intuition vous servira de guide. En cas de doute, vous pouvez nous consulter.

Maintenant, nous vous invitons à relire l'itinéraire proposé à la première étape et à vivre pleinement les enseignements véhiculés. Lorsque vous vous sentirez prête, nous aimerions que vous transmettiez ces enseignements autour de vous afin d'aider les gens dans leur croissance personnelle. Par cette transmission, vous assurez la poursuite de la spirale d'abondance.

Nous aimerions vous dire que la route sera parfois semée d'embûches. Il importe de voir celles-ci comme des étapes de réalisation de votre plan de vie. N'essayez pas de les combattre mais plutôt de comprendre ce qu'elles peuvent vous apprendre. Nous connaissons votre force et votre volonté et nous croyons en votre potentiel de réussite. En vivant ces étapes, vous serez en mesure de comprendre et d'aider les gens se trouvant sur votre route. Faites-vous confiance!

Merci, chers anges et chers guides, de m'accompagner avec autant d'amour sur la route menant à la réalisation de mon objectif de vie. Il me fera plaisir de relire ces enseignements afin de les assimiler sur les plans de mon âme, de mon corps et de mon esprit. J'accepte de me faire confiance, pour une fois, et on verra bien ce qui arrivera! Comment saurais-je que je suis prête pour la cinquième dimension?

Vous serez la seule juge. Vous saurez exactement quand vous serez prête à accéder à la cinquième dimension. Cette information vous parviendra au moment opportun, et votre intuition la reconnaîtra. Nous avons confiance en vous et nous savons que nous vous retrouverons pour explorer cette dimension. En cas de doute, rappelez-vous la confiance que nous vous avons témoignée.

Merci infiniment de tant de présence et de générosité! Au revoir!

Nous vous disons plutôt à tout à l'heure, puisque vous aurez besoin de nous pour vivre ces apprentissages. Nous serons moins présents, mais toujours disponibles. Alors, nous vous invitons à communiquer avec nous lorsque le besoin s'en fera sentir.

Je suis triste... C'est déjà terminé !

Ce n'est pas terminé, chère enfant. C'est plutôt commencé ! Rappelez-vous qu'il s'agit d'une étape de réalisation vers votre objectif de vie. Profitez de la fin de cette étape pour vous reposer. Voyez le côté positif des choses.

Merci pour ces paroles encourageantes. J'ai tout de même l'impression que vous allez nous quitter bientôt...

Oui, nous allons éventuellement vous quitter pour laisser la place à d'autres êtres de lumière qui doivent eux aussi vous transmettre leur savoir. Une fois encore, votre intuition vous indiquera le moment où vous devrez nous demander de vous laisser.

Je vais vous demander de partir ?

Oui, il le faudra, quand les étapes où nous devons être présents auront toutes été franchies. C'est ainsi que cela doit se passer. Mais il vous sera toujours possible d'entrer en contact avec nous si vous nous le demandez.

Votre départ est-il pour bientôt ?

Pas avant la fin de vos apprentissages de la première étape de votre voyage et le début de la suivante. Donc, rassurez-vous et poursuivez votre cheminement. Vous êtes sur la bonne voie, la vôtre ! Celle qui vous mènera à votre réussite intérieure !

Table des matières

Achevé d'imprimer au Canada
sur papier 30 % recyclé
sur les presses de Imprimerie Lebonfon Inc.

procédé
sans
chlore

30 % post-
consommation

archives
permanentes